一起在社區好好生活

從我變成我們，
11 個臺灣共生社區實踐故事

楊寧茵 高齡趨勢觀察家
弘道老人福利基金會
著

目錄

PART 3 破框人物　一個人的共生之旅

從弘道的共生實踐，看見臺灣高齡照顧新解方

PART 4 弘道老人福利基金會的社區共生之旅

※作者簡介、參考書目、引用出處為左翻

【作者序】
來到共生社區，一起好好生活

——楊寧茵　高齡趨勢觀察家

我從二〇一四年共同創辦社會企業「銀享全球」開始，組織銀髮創新參訪團，帶著不同背景的人走訪世界各國、了解其他高齡化先行國家有哪些值得學習的經驗和典範，一直是很重要的任務。我原本就很喜歡旅行，這段時間的旅行或是因為工作需要而自己實地走訪，或帶團參訪，之前和之後都要閱讀大量資料、線上漫遊，總之我因此探訪了世界上許多擁有快樂高齡幸福元素的地區、組織，也見到不少堪稱典範的學者專家、高齡者、組織抑或模式。

從香港到荷蘭、從日本到丹麥、從臺灣到矽谷，也許是一個長照社福單位、也許是一種服務模式、一家科技新創公司、一個智庫，或甚至就是一位或是一群長輩……配合臺灣社會快速邁向超高齡社會的需要，我們以銀髮創新的視角去探索以下議題：優質的社區型整合服務、創新的失智照護思維與方式、建構開放活躍的第三人生等。透過了解其他國家是怎麼做的，分析他們成功與失敗的經驗，試圖幫助臺灣站在巨人的肩膀上，在快速變老的時間壓力下，更積極地找出屬於我們自己的百歲人生幸福解方。我也把這些觀察和看見，寫成部落格，並集結成《全球銀力時代》一書（野人文化，二〇一九年），希望幫助更多人了解和看見銀色海嘯帶來的不只是挑戰與危機，而是更多的機會和能量，同時體會到變老這個歷程的魅力和新意。

在這個過程中，因為我不是長照一線服務人員，也沒有醫療相關背景，再加上長居醫療保險費用非常昂貴的美國，我深刻地感受到：我們引以為傲、優秀且價格親民的全民健康保險制度，似乎是臺灣邁向高齡幸福國家的兩面刃。一方面我們是全世界少數既可提供高水準，但又可負擔全民健保的國家；另一方面，這樣一個平價、易於取得的「醫療保險制度」卻也成為臺灣發展高齡銀髮創新服務和模式的「枷鎖」或「詛咒」。

怎麼說呢？例如因為臺灣健保實在太便宜了，民眾去醫院看病就像逛夜市吃小吃一樣容易，養成了許多人非常倚賴醫院和醫生來照顧自己的健康，一有問題一定先去看醫生，甚至沒有問題也要想出問題來去給醫生看看，然後去看醫生就一定要拿藥回家，或是醫生會被期待要開藥物給病人，否則對方就會覺得你「沒有盡力、醫術不好」。許多有慢性病，或是多重症狀的長輩，家裡幾乎都有沒吃完過期的藥，或是重複用藥的問題。藥太便宜、給太多、亂吃反而成了問題！

也因為健保實在太便宜了，所以我們國家的健康政策雖然也很想做到預防重於治療，但其實大部分的政策和服務都向治療端和醫事單位傾斜。許多地區的長照服務、社區照顧，最後都被擁有最多資源的醫院一把抓，這對人民是最好的嗎？社區的自我照顧能力要如何長出來？

全球長壽勝地「藍色寶地」（Blue Zones）的省思

寫這篇文章時，我剛好在看網飛（Netflix）的紀錄片《長命百歲：藍色寶地的奧祕》，這個節目記錄了探險家兼作家丹．布納特（Dan Buettner）走訪世界五個長壽村，透過深度訪談和觀察嘗試去了解這幾個百歲人瑞特多的地方，到底有什麼長壽的奧祕？節目中造訪了五個「藍色寶地」，分別是亞洲日本的沖繩島；歐洲義大利的薩丁尼亞半島、希臘的伊卡利亞島；北美洲美國加州的羅馬林達區；中美洲哥斯大黎加的尼科亞半島。

有趣的是，主持人和製作單位透過訪談和資料蒐集總結出這五個地方的長壽奧祕：有的和天然環境或自然資源有關，飲食習慣和生活方式也很重要，甚至信仰、社群連結等都有一定程度的影響，但總體而言，這五個藍色寶地之所以成為長壽勝地，沒有一個和廣設醫院、擁有充足的醫護人員或先進的醫事設備有關！也沒有一個把他們的長壽歸因於就醫很方便，醫療很便宜，可以常常去看醫生，年年免費做體檢，甚至沒事去做預防性手術，還住個三天兩夜……。

沒有！完．全．沒．有！

災後重建帶來的機會，讓社區長出自己的能力

臺灣南投埔里有個長青村，原本是因為九二一震災後需要安置長輩而建置的組合屋，經過二十多年的發展，這個不拿政府經費，靠自己力量，以互助網絡互相照顧，強調「老有所用、夠用就好」的村落，不但為無數因地震失去家園的長者，提供了一個得到溫飽和遮風避雨的家，也似乎為臺灣是不是可以透過共生社區的建置，讓長者甚至社區所有人活得更有意義和尊嚴的設想，提供了可以佐證的範例。

COVID-19疫情橫掃全球，也讓我們看見，遇到這樣大規模的公衛危機，政府的角色固然重要，因為可以提供第一級的大規模防護包括疫苗等，但每個人，以及環繞在每個人身邊以社區為基礎的立即支持網絡，才是可以真實支撐每個人走過難關的關鍵。許多國內外的案例都探討了在COVID-19疫情中，社區網絡對維繫社區居民，尤其是長者身心靈各方面健康的重要性。臺灣也有一些從疫情中發展出來的社區型照顧計畫，例如信義公益基

金會在當時選出了一百個疫情中的作為（微光計畫），但這些學習和努力，在疫情過後如何在社區中繼續落實，甚至是否可以作為其他社區學習或利用的參考，還有待觀察。

寫這本書的起心動念

二〇一三年三月一個週五的晚間，我坐在美國舊金山日本城Kabuki電影院，看著銀幕上播放的電影，用我熟悉的語言和臺灣場景記錄演繹著十七位超過八十歲的長輩，騎著摩托車勇敢環臺十三天的故事，觀影過程中我又哭又笑，不時熱淚盈眶，下一分鐘又忍不住開懷大笑，電影結束後還是很感動，久久不能自已。

我那時還不知道，這部紀錄片《不老騎士—歐兜邁環台日記》會改變我接下來的人生。

同年八月，我以電影製片單位CNEX基金會駐美代理人的身分，協助這部電影在北加州、南加州和紐約等地進行院線上映，也陪同十位劇中「不老騎士」和來自臺灣的工作人員、志工在北加州和南加州登臺宣傳。不老騎士的熱情與魅力，深深感染了我！

長居美國的我，看到這群來自臺灣的素人長輩，用幽默和勇氣讓美國主流社會、主流媒體翹起了讚嘆的大拇指！身為從旁協助的志工，心中感到非常驕傲；我也第一次意識到：原來老可以這麼酷！這麼帥！當志工可以這麼熱血！這些體認讓我和這部紀錄片幕後主要的策劃單位弘道老人福利基金會（以下簡稱弘道）結下了不解之緣，也走上了高齡創新和銀髮倡議的道路，為自己的第三人生開了一扇全新的窗。

創辦「銀享全球」之後和弘道在高齡領域上展開許多合作，我們持續以自己國際連結的能力和專業，把各國關於銀髮創新、活躍老化、在地安老最新的觀念和做法帶到臺灣，結合弘道的一線服務經驗與對現行政策和做法的了解，希望協助快速高齡少子化的臺灣社會能夠少走點彎路，盡快找出屬於自己的對策和解方。

在關於高齡的各種議題中，「共生社區」一直是我非常感興趣的一塊。也許因為我是從素人的角度來看超高齡社會的來臨，再加上《不老騎士》帶給我的影響，所以我總是相信老年不應該只與病痛和照顧有關，更不該是惆悵灰暗的，而應該是可以讓人感到幸福、滿足、有尊嚴的一段時間；而人不可能離群索居，所以社區是高齡生活中非常重要的一環。

尤其是看到我們的鄰國日本在共生社區上的論述和實踐案例，我感覺到這的確是這個高齡先行國家對世界其他人提出的一個相當重要的建議，為了怕自己被文字和影像所蒙蔽，我親自走訪日本許多共生社區，想透過第一手的經驗和觀察，理解他們到底是怎麼推動和執行這件事情的？我們可以如何學習？

二〇一九年我和好友鄭文琪、梁娟娟、王若馨和吳淑惠等幾位長年專注共生和高齡領域的夥伴，以自費自假的方式到日本實際訪查並體驗了幾個知名的共生社區模式，包括富山型日照家屋——このゆびとーまれ[①]、佛子園、上勝町，也親自採訪了三個單位的負責人：富山型日照的創辦人惣（音「總」）万佳代子和西村和美女士、佛子園的雄谷良成理事長，還有上勝町Irodori（彩）株式會社創辦人橫石知二先生。他們的服務模式或許長得不太一樣，但都在日本行之有年，是受到高度肯定的共生社區模式。富山型日照是從民宅這樣的居場所中開始的社區整合型照顧服務；佛子園則是由位在石川縣的社福機構透過重新設計或改造老舊建築打造成社區中心，來服務不同障別的人士，或提供工作機會，或和社區民眾進行「大雜燴式」的交流；上勝町則是圍繞著讓長者以採收販賣葉子為核心發展自我價值，並讓小鎮走向環保永續之路，重新改寫了長者人生和社區樣貌的精彩案例。

這段學習旅程也成了日後協助弘道和其他單位認識共生的重要養分。這本書將從弘道的共生之旅開始，談談臺灣共生社區的發展的現況。

① 這是富山型日照的創始店，如今富山型日照所提供的混合照顧已經成為一種服務模式及統稱。このゆびとーまれ直譯為「抓住這手指」，是日本小孩的遊戲文化，遊戲開始前，領頭的孩子會高舉食指並大喊このゆびとーまれ，想要玩的孩子會過來握住這隻手指，代表加入遊戲。

我寫這本書的角度

每個人的觀察和思考視角會受到個人的專業訓練和人生經驗影響。在和許多不同的長照專家學者、政策制定者、服務人員一起出訪與討論的過程中，我發現自己在看待超高齡社會相關議題時，最有興趣的還是看到住在社區裡頭的一般人，而不是醫院裡的病人。社區中不是只有長者，還有各式各樣不同年齡層的人，不同的性別、文化背景、經濟水平、教育程度，要怎麼做才能創造出一個有機正向的環境，讓每個人都有機會活出他們想要的人生樣貌？要什麼樣的環境、支持體系或網絡、政策做法可以引導建置出一個人與人之間有信任感、可以互相扶持，在必要時把每一個人接住的共生社區？

地球生態遭遇空前危機、高度都市化的人類生活面臨嚴格考驗、科技發展飛快讓生活變得更便利但也帶來許多未知的傷害……一切都讓我相信：人類若不學著更加謙虛，學著放棄許多壞習慣，並快點找出方法與天地萬物共存，必然走向滅亡。在這個關鍵時刻，我自己，或是在社區裡的一小群人，有沒有機會可以一起做什麼來讓改變發生？

我走過看過國內外無數個有形的共生社區，有以一個鄉鎮或城市為主，也有以一個照顧機構為主；或無形的虛擬社群，還有結合兩者一起推動者。但如果你問我，到底共生社區的定義是什麼？什麼樣才叫做共生社區？有沒有一個操作手冊可以讓你照著做就打造出完美的共生社區？老實說，我還真無法給出一個具體的答案。

因為真正具有韌性，可以好好對接社區居民需求、環境樣態、生活方式、溫柔地接住每一個人的社區不會只有一個樣子、一套標準、一種模式。不同的人種、文化、環境會造就出不同的社區和共生條件，而我堅信，一個可以永續發展的共生社區互助網絡必須由下而上、由社區居民有機式地慢慢發展出來，因此沒有一個會長得一模一樣。共生社區的經驗或許可以借鏡與學習，但模式無法直接拷貝或套用。

當初同意和弘道合作，負責採訪並執筆撰寫這本書的初衷，就是希望讓更多對高齡長照議題不熟悉的人了解何謂共生社區？為什麼政府要以推動共生社區為手段，作為超高齡社會的解方？

「共生社區」這個 buzz word 在未來幾年，你會不斷聽到；希望以弘道過去四年多的推動和學習為基礎，蒐集臺灣十一個先行者的案例，以經驗分享的方式，嘗試作為一般人想要學習共生社區理念的一本入門書，盡量用深入淺出、淺顯易懂的方式來讓長照高齡領域的門外漢也能輕鬆理解共生社區的真義。了解我們為什麼需要共生社區？身為社區的一分子，你可以做什麼？

我想要強調的是，臺灣共生社區的發展是現在進行式，每天、每月、每年都還在一直不斷地發展和改變中，書中分享的案例各有各的基礎，但他們只能被稱為先行者，而非完美案例，他們有自己的特色和亮點，也都面臨不同的挑戰並進行實驗中。我們不希望用標竿或典範來標籤他們，更不希望大家用複製的想法來看待這些經驗的總結，而是希望大家透過閱讀多了解他們，獲得靈感，甚至參考某些方法在自己的社區裡試試看，但要知道只有你才真正了解你自己所處的社區，才能找到社區裡共同的需求與痛點，相信每個社區都有機會發展成共生社區，而每個共生社區都該有自己的特色。

臺灣若有一百個共生社區就應該有一百種樣貌，每個都有它獨到與迷人之處。

先行者的共同點：不怕挑戰自己過去的成功，不怕打掉重練，破框思維很重要

我想要強調一下我們選擇這些案例時所用的設定，就是他們是否擁有「破框」的思維，不管是從個人的角度，還是組織的角度，也可能是在既有的組織中嘗試先畫出一塊做點「破框」的事情。

擁有破框思維是創新的關鍵。科學和科技創新已經證明：一直用同樣的原料和實驗方式，只會一直得出同樣的結果。如果想要得出不一樣的結果，就必須要有「變數」，這個變數可以是可控的（實驗者自己刻意加進去的），也可能是不小心的（像很多科學和美食

上的偉大發現一樣），但無論如何，有改變才有機會帶來不同的結果，這個結果是帶來驚喜或驚嚇，就看你是否有足夠開放的心態去面對它，嘗試去理解它，最終甚至能駕馭它。

也因此共生社區的推動要多留「餘裕」，不管是心態、場域、空間，希望公部門在面對創新和提供資源上更有彈性，甚至參考沙盒方式（sand box）②來進行小型實驗的可能，不要動不動就用違反規定、甚至犯法等，抹殺了創新的機會和想像的可能。

幸福在自己心裡，不外求；幸福共生社區靠自己創造

兩千多年前，秦始皇為了尋求長生不老的解方，派出徐福帶領童男童女三千名，浩浩蕩蕩出海尋求長生不老藥，同時找了各方術士「上窮碧落下黃泉」地尋找草藥或苦煉仙丹，只求能長生不死，但終無所獲。

我們總是把超高齡社會來臨所出現的各種現象，當成一個個的挑戰與問題，想要用仙丹妙藥來快速解決，因此到處熱切地尋找典範模式與解方。但這幾年走訪世界各國的經驗告訴我：這些現象未必是問題，有可能只是改變，無論如何，真正的解方在自己心裡。我

②是一種安全機制，設計隔離環境，讓實驗者在風險可控的情況下執行計畫。

們必須先有一個堅定的信念、一種單純的想望，也願意捲起袖子來做點什麼，那麼這各式各樣的國內外案例就會像靈感一樣，對我們有所啟發，成為我們打造自己美好百歲人生的泉源。

臺灣共生社區發展的旅程或許才剛開始，有些時候仍需要不斷和現實環境妥協、在體制和理想之間拉扯掙扎，但我相信共生社區成為臺灣快速超高齡化的重要解方這件事情不會改變，它是打造你我健康美好人生的重要基石，我十分期待未來的發展。

我也相信：打造共生社區沒有完美標準，更沒有終點，可貴在一群人因為共同的願景一起努力的過程，每個人都可以有角色，都可以是貢獻者、參與者、使用者，就看你願不願意開始而已。

你準備進入共生社區，一起好好生活了嗎？

【作者序】

成為美好共生社區的第一顆小石子

——李若綺　弘道老人福利基金會執行長

我娘家在臺中外埔，一個人口外移、老人居多、不容易叫到計程車的鄉下，很常聽到我七十多歲的阿爸陪鄰居八十多歲的阿公去看醫生，或幫忙送物資給鄰近獨居的老人家，鄰居有多種的蔬菜也會送來家裡分享，而這互助的人情味，是人人可以貢獻能力，也接受所需協助，一起好好生活的共生社區縮影。

別以為這只有鄉下才做得到，也別以為隨著時代變遷，人與人越來越疏離，這樣互助的共生社區只能在美好想像裡。弘道在高雄前金區的社會住宅，透過位於一樓林投好客廳的場域和活動推動共生社區，讓居民互相認識、互動後，現在，小孩放學後，老人家可以陪伴鄰居孩子寫作業等媽媽下班回來；老人家不會用手機，年輕住戶可以教學；甚至居民還會彼此分享農漁產品，有老人家說，能住在這裡真的很幸福。

二〇二四年炎熱的夏天，我坐在書桌前回想推動共生社區起點，翻閱著二〇二〇年一月十四日啟動「弘道，就在你身邊——社區服務中心之新型態場域發展計畫」共識會議的簡報，回頭看這四年半的時間，我們開始的原因？做了什麼事？帶來了什麼改變？

二〇一九年我們正在與時俱進地梳理弘道新的服務策略地圖，其中一個篇章談到，弘道各中心的總機、官方信箱、FB私訊等管道，時常接收到民眾詢問各種關於高齡照護與生活上的提問，感受到民眾對於弘道的信賴；同時也常聽到，希望長照二．〇可以讓民眾「看得到、找得到、用得到」，基於這些基礎，讓我們開始思考，從宜蘭到屏東都有提供服務的弘道，無論是實體場域或是線上的服務，能不能更靠近民眾一點？

日本共生實踐帶來的美好衝擊

同年八～十一月，因緣際會下，我直接大量吸收學習了日本因應嚴重高齡化，從政府到民間全力推動「共生」的各種場域、案例經驗，以及看到一幕又一幕讓我感動又興奮的畫面，這全都成了在思考與規劃弘道共生的重要參考。

八月，和臺灣長照護理學會到日本參訪，來到秋山正子女士的暮らしの保健室（生活保健室[3]），在提供健康保健各種提問的場域中，有位女士獨自坐在靠近窗邊的座位，優雅地打著毛線，也有居民進來諮詢，那是一種大家都很自在生活的氛圍。

十月，神戶設計創意中心的「2019 LIFE IS CREATIVE」計畫以「高齡者議題」作為探討主軸，弘道受邀前往參展分享臺灣銀髮議題案例。在神戶那幾天，透過引薦有機會拜訪兩個單位，其一是Happy House，在他們的ＦＢ介紹中寫著：「世界上最混亂的多代人共享房屋」，而這也是我在現場看到的最驚喜的畫面，原來無論年齡、國籍、身心狀態，都可以鬧哄哄地一起生活著，活動空間也可以打破既定印象自由運用，人們在其中或躺或坐、或玩遊戲、或做廚房料理……一起生活著。

另一個是由松本京子女士所設立，咖啡店型態的生活保健室，是另一個共同創辦人開放自家的客廳來提供社區交流，每月固定提供數次最家常的咖哩飯午餐（因為咖哩飯不容易一次煮少量，所以想吃咖哩的人可以來這裡享用）。那天在咖啡店的吧檯前及座位區有兩組客人，他們在這裡喝著咖啡、交換著生活大小事，這就是輕鬆和社區、社會有連結的自然畫面。

十一月，讓上勝町長者透過採樹葉活絡起來的橫石知二先生，受邀到臺灣參加銀享

③在日本有生活保健室、社區保健室的空間場域，以提供醫療和福利的免費諮詢為主，也是在地許多長輩來串門子的地方，部分地區也會是家庭照顧者或工作者的充電站，發揮部分預防保健的功能。自二〇一一年開始，厚生勞動省在宅醫療聯繫據點事業開始補助「生活保健室」類型單位，日本在全國各地相繼出現社區的保健室，類似的還有失智咖啡館、介護咖啡館等非正式照顧體系空間。

全球「銀浪新創力國際週」時，也走訪了弘道在臺中的不老夢想一二五號（不老食光餐廳），除了交流中高齡就業的議題，也進一步了解了上勝町創造銀髮就業的模式。協助長輩就業除了可以獲取收入，能自給自足；也能增加長者的自尊，讓他們跳脫被助者的身分，更積極地與社區互助共好。

上述短短四個月裡，大量不同場域、單位多元發展的激勵，也快速形成了弘道往社區共生方向邁進的動力，因為我很清楚知道，讓社區民眾能一起好好生活，不單單是高齡社會解方，更是社區每一分子化解孤獨感擁有幸福感的重要一環，進而實踐弘道的願景「一起道老，精彩美好」。

推動「共生社區」過程中的三個關鍵

在後來推動「共生社區」的過程中，對於弘道內部團隊或是培力的外部單位組織，有三個很重要的關鍵，第一是夥伴們的思維要先改變；第二是具體的共生社區樣貌；第三是過程中引導破框思考的工具。

在改變思維上，我記得在剛開始推動時，有次到訪我們位於臺中的共生場域，當天很多長輩們來參與活動，夥伴在跟長輩互動時說：「阿嬤，妳會口渴嗎？我幫妳倒水。」那時給我很大的震撼，因為長輩看起來行動能力是完全沒問題的，在我腦中浮現希望的對話會是：「阿嬤，妳會口渴嗎？我跟妳說飲水機的位置，這裡就是妳家，口渴了妳可以自己來喔！」因著這個經驗，我也開始思考，跟夥伴們討論共生的推動除了要多做一點什麼，好像也可以「少做一點什麼」，以至於我們可以從過往的「貼心照顧」之「他助」，有機會讓每個人在場域中找到「自我價值」，發展成「自助」，進而到「互助」！

在具體樣貌上，我們在推動的第二年，發現即使有各種不同的共生社區案例，但依然很難想像如何讓自己社區往共生方向邁進，所以和教練群們討論後，整理出「共生五力」，讓每個想要推動共生社區的人或單位，有具體清楚的五個努力面向。

在引導思考上，因著弘道團隊加入了明怡基金會的精實育成計畫，發展出一套社區共生工作的輔導工具，讓據點主責人或者想推動共生社區者，能夠透過工具讓社區民眾參與公共事務討論或蒐集想法建議，將共生概念透過工具的引導思考，轉化成社區共識的具體實踐。

此外，無論是在山崎亮的《打造所有人的理想歸宿》一書所談「連結人與人之間的關係」，或是在《開一間鼓勵交流的社群咖啡館》書中提及「增加交流機會的場所」，給我們的啟發是，只要能做到創造人跟人之間的連結，讓社區中的人們從不認識到認識，有機會關心彼此，成為彼此的互助網絡，就能在社區中共同生活。那麼，無論是什麼型態的空間場域，甚至是無形的社群網絡，都是可行的方式。所以，接下來弘道也將有機會攜手跨域的夥伴們，創造社區交流洗衣店、社區共生便利商店等場域，看見推動共生社區的多元樣貌。

「共生社區」已納入國家政策，一則以喜一則以憂。喜的是共生社區可以更全面地受到大家的關注，憂的是從中央到地方，再到民間第一線推動者，大家如何往前跨出第一步？在此時刻推出這本書，最重要的是想藉由十一個實踐案例，讓大家看見共生社區這條路沒有標準答案，也沒有SOP，更沒有誰或哪類型的單位才能開始，因為每個人都是共生社區的一分子，也都是可以成為激起共生水花的第一顆小石子。

【前言】認識共生社區

何謂共生社區？

傳統農村生活，大家雖然沒有住得像現代都市中如此靠近，生活上反而更加聲息相聞，會彼此互相照應，農忙時期更是左鄰右舍一起幫忙採收、整理，成人、長者、小孩、男男女女各司其職、分工合作。這種互助的樣貌，其實就是「共生」的基本概念，居民自主發展出的互助網絡，是共生社區最主要的精神。

儘管共生社區（Co-living）的理念最早來自丹麥，但本書中所談到的共生社區概念及發展脈絡主要來自於日本的政策。日本於一九七〇年進入高齡化社會，但六十五歲以上人口在二〇〇六年占比二十%，正式進入超高齡社會。為了因應人口高齡化的問題，同年日本政府提出「地域包括ケアシステム」（臺灣多翻為「社區整合照護系統」），主要把「在宅養老」中的「宅」從自宅擴大為社區，企圖結合社區裡的醫療、照護、生活支持、居住環境等資源，提供長者一個更具自主與整合性的照護體系。同時從過去以政府資源為主，轉變為以民間為主、公家為輔的方式，期待營造一個長者、失智、失能者皆能安心生活的環境。

這個政策在推動之後也發現：其實社區環境裡有各種福利族群（例如長者、兒少、身心障礙者），彼此會互相影響，很難只針對特定族群去提供相應的服務。因此只是擴大長者的生活場域和調整服務建構的方式，很難真正營造出「一個人人都能安心舒適生活的環境」。

此外他們也注意到一般民眾很難理解什麼是「社區共同照護體系」以及自己該扮演的角色。隨著社會意識改變和國家醫療照護資金越來越吃緊，日本政府於二〇一六年成立「社區共生社會本部」（日文為「地域共生社会本部」），打破原來將人們劃分成「需要照顧者」和「照顧別人者」的界線和想法，強調「每一個人都是互相協助的公民」，企圖喚醒每個人的公民意識，了解每個人在社區中都可以扮演某種角色，而不只是靠專家或把責任推給別人。也期待每個人採取實際行動，運用自身的能力貢獻參與，以公家的支持體系和資源為輔，大家共同創造「社區共生社會」。[1]

臺灣推動共生社區的背景

根據國家發展委員會的統計，臺灣六十五歲以上人口於一九九三年時占比超過七%，成為聯合國定義下的高齡化社會（aging society）；二〇一八年時突破十四%，邁入高齡社會（aged society）；根據推估，臺灣六十五歲以上人口即將於二〇二五年突破二十%，成為超高齡社會（super-aged society）。短短三十二年的時間，臺灣人口高齡化速度之快，在世界各國中名列前茅，再加上出生率多年來也一直維持世界新低，兩個「世界排名第一」的現象夾擊，衍生出許多挑戰，成為近年來最受重視的國安問題之一，受到各界廣泛的重視與討論。

圖一、臺灣高齡化進程的示意圖

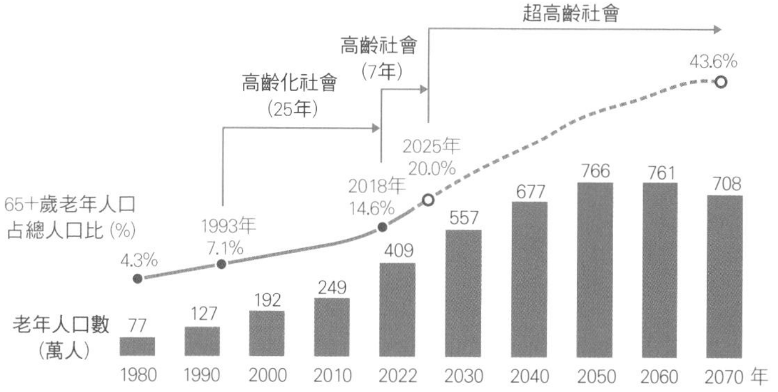

（圖來自國發會網站）

弘道的共生社區核心價值：從「社區共同照顧」轉為「社區共同生活」

創立於臺中的弘道老人福利基金會（以下簡稱弘道），是近年來臺灣最積極推動共生社區理念的社會福利組織。

弘道以讓高齡者在地老化為目標，希望每個人可以在自己熟悉的地方安心變老，因此自成立初期就很重視高齡服務可與社區力量結合，在社區中建構一個讓人安心的高齡服務網絡。

從在各地成立志工站借重志工的力量關懷社區中的弱勢獨居長者，到輔導社區照顧關懷據點的發展，讓高齡者能在社區中有一個延緩身心退化的服務場域，「社區照顧」是弘道近三十年來努力的方向。

但隨著超高齡社會的來臨，弘道發現提供服務的社區志工與接受服務的高齡者同樣都在老化，彼此之間很難再以年齡區分。也觀察到新世代高齡者的生活背景、教育水準、文化狀態、經濟條件及目前的社會環境都與過去不同，高齡者對於自己的生活有更多的想法，不再希望自己是全然被照顧著的。

在這樣的背景下，弘道秉持著基金會一直以來重視高齡者自我實現、發揮個人價值的精神，嘗試打破「一定是由誰來照顧誰」的服務設計框架，希望在社區中建構一個所有人都能發揮自己的能力、展現自己的價值，跨越年齡、背景、族群的分界，大家可以支持彼此、一起「共同生活」的場域。

這樣的概念以弘道過去長期推動的社區照顧精神為基礎，融入日本地方創生及社區共生的元素，希望在弘道提供服務的社區場域中打造一個尊重在地文化、展現個人自我價值、開放所有人參與、促進多代多元共融、人人相互支持幫助、可以永續發展的社區生活模式。

這正是弘道共生社區的核心價值：從過去「社區共同照顧」轉變為「社區共同生活」，希望藉此影響社區中的所有人，一起從提供照顧或被照顧的角色立場，轉變為更包容、平權，為了創造一種共同的生活文化而努力的樣貌，讓臺灣可以成為一個「老但不怕老」的社會，實現弘道「每位長者都能有自主與尊嚴，享有安心、精彩的老後生活」的組織願景。

共生社區的四助架構

日本的「社區共生社會」最大的特色是提出「公助、共助、互助、自助」的四助架構。

公助：社會福利與社會保障；

共助：社會保險〔醫療保險與介護保險（臺灣稱為全民健康保險和長照保險）〕；

互助：社區內個人或團體相互連結支援；

自助：個人的自立支援，預防失能以及健康促進。

若要充分發揮這四助，社區須產生「有機的連結」，意指生活在社區內的人，為了滿足需要，自發性地發展出相互的連結。[2]

弘道也借用這個觀念來說明四助在共生社區中角色的轉變：隨著國家與社會快速發展，社會福利政策（公助）、社會保險（共助）受到重視，並且逐年發展出更完善的制度。而對於未來整體社會邁向高齡化、少子化的趨勢，公助、共助能運用或發展的資源將越來越有限，我們需開始將關注的重點聚焦在如何強化自助、擴大互助，從發展個人能量到運用社區鄰里資源，來形成在地社區支持網絡，使不同群體、不同年齡的每個人都可以持續自立生活，同時也幫助有困難的人繼續在社區生活。

換言之，社區中以「社會福利」為主的「公助」和以「社會保險」為主的「共助」體系雖然會一直存在，但從社區中自己長出來的「互助」網絡和透過個人能量發揮的「自助」功能，會扮演更重要的角色。從過去由官方主導的服務體系（上對下、依特定對象分類），轉變為由在地人發起（更加平行對等、依社區整合性的需求來分類）。

未來在整個社區體系中，因為個人自主意識的提升、對生活議題的覺察和能量的發揮，會由「個人」這個角色來主導生活議題的形塑與改善，互助網絡更趨多元與複雜，由傳統的只有正式資源轉變到增加許多非正式資源，並導致現有資源重新分配，這都挑戰了現有社區裡各種服務輸送和資源配置的方式。

弘道提出「共生五力」

想像美好的未來，持續創造有你有我有大家、共存共融共好的生活。弘道希望透過他們的行動，開始思考共生社區議題，並攜手各界重新找回

圖二、四助對改善生活議題的主導程度與資源多寡

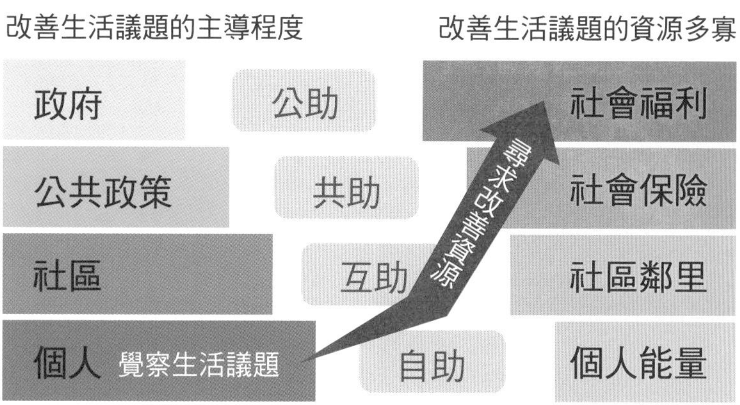

隨著社會變遷，傳統的公助與共助資源將越來越有限，我們需開始將關注的重點聚焦在如何強化自助、擴大互助，從發展個人能量到運用社區鄰里資源，來形成在地社區支持網絡，使不同群體、不同年齡的每個人可以持續自立生活，同時也幫助有困難的人繼續在社區生活。

民眾互助互惠的共生關係，使其有機會成為超高齡社會的永續解方之一。

經過不斷地實驗驗證，與內外部專家和實務執行者的共同討論，集結共生計畫團隊、弘道各區域社區工作團隊的觀點，弘道整理出階段性的臺灣共生概念模型，期望有助於未來持續與各界展開對話、思考，並且更有方向地陪伴社區組織嘗試發展創新行動，或者運用在弘道直營的社區場域，實踐共生精神。

以下分享弘道所發展出的共生社區核心價值和共生社區五大重點（「共生五力」）：

- 共生社區的核心價值：

以居民為主體，支持社區裡的每個人在熟悉的地方一起好好生活。

- 共生社區樣貌：

回應在地需求或生活議題，創造一個支持社區所有人一起好好生活的地方，不分年齡與群體，歡迎每位長者、身障者、兒童、婦女、年輕人、移居者……都能在這裡找到角色、價值與支持。

圖三、共生社區對象圓心圖

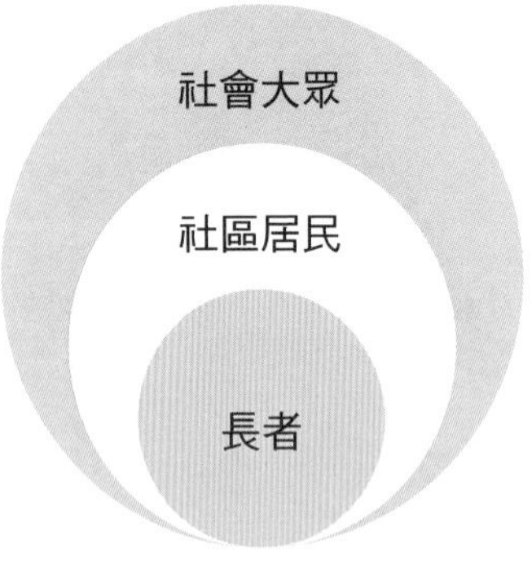

從長者、社區居民到社會大眾，大家在同一個社區裡生活，或生存在同一個社會中，支持彼此，在熟悉、喜歡的地方好好生活。

現階段詮釋共生社區的樣貌是「以社區居民為主體，關注與發展五大重點：開放參與、自主價值、多代多元共融、互助網絡、永續生活。」

共生五力進一步說明

1. 開放參與

以符合社區文化、回應居民日常需求、不排除社區中任何人使用等，友善思考如何設計空間與設備。營造歡迎每個人來參與的文化、場域氛圍。

● 關鍵元素

一、共生社區的空間及設施規劃能回應在地文化及居民日常需求，使共生社區成為居民生活所需的一部分，進而能喜歡來、常常

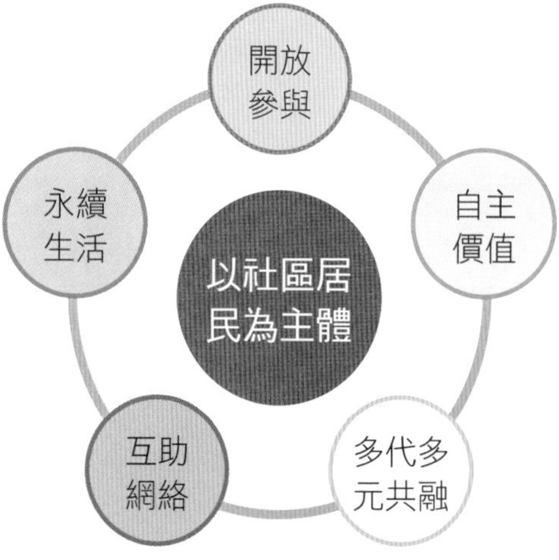

圖四、共生五力

弘道在以居民為主體的核心價值下，嘗試描繪出共生社區發展的樣貌，並且總結出五大重點。以社區居民為主體，從一個點開始向外擴散影響整個圈。中間的點可能是社區據點、發展協會、綠色照顧、社區大樓，也可能是書店、藥局、咖啡店等其他場域。不一定以實際距離來劃定界線，而是以廣義的擁有歸屬感來定義。

來，並能安心自在地停留使用。

二、設計有助於居民自然相遇、相聚的空間，創造每個人互動交流的機會。

三、營造友善的環境，尊重、包容的氛圍，促進當地的社會參與，進而消弭歧視、去除標籤。

2. 自主價值

個人：具有角色、建立意識。

社區：具備思維與設計能力，支持每位參與者形成個人自主價值。

● 關鍵元素

一、來到社區的每個人都有各自的角色，並能發揮價值或再造價值。

二、重視每個人的尊嚴與自主性，可依據個人喜好和想法而決定怎樣的生活方式是對自己有意義。

三、鼓勵居民探尋人生更多可能性，陪伴其體驗與建立自信感。

3. 多代多元共融

社區居民不同年齡、群體都能有連結、共融互動。

●關鍵元素

一、運用共同的社交媒介，引發居民互相欣賞。

二、建立機制促進多世代、多元族群間的對話、互動與共創。

4. 互助網絡

社區居民看見彼此需求、資訊共享、資源流通、互相支持。

●關鍵元素

一、回應在地生活需求，發展可關注的議題。

二、創造社區的連結與支持，營造互相幫忙的風氣。

5. 永續生活

場域營運：社區財務、資源可自給自足。

服務永續：社區組織的穩定性、人的傳承、服務經驗能夠延續。

生活永續：居民可在自己熟悉、習慣和喜愛的社區過自己想要的生活。

環境永續：社區居民以集體力量和實際行動，推動在地的文化認同感，促進居住在此的民眾能有歸屬感。

● 關鍵元素

一、以社區組織可以持續運作為前提，提升財務自主能力，並妥善運用資源連結。

二、掌握現有社區內的人、物、組織、系統等服務資源狀態，並關注人的傳承及服務經驗的延續。

三、保有社區在地文化與自在的日常氛圍，使居民在熟悉和習慣的地方延續自己喜歡的生活。

當社區中每個人將社區裡的各種事情都當成「我的事情」，才能養成在地人主動參與的習慣，更有機會創造服務與價值永續。共生社區強調「互助」，然而因為社區這個載體，在現有系統中分屬不同單位管轄，沒有既定的資源和服務樣貌，社區本身的樣態也等著我們去實驗和打造，所以在社區中發展「共生」就有了無窮的機會和想像力，這正是弘道正在努力的方向，也是本書著力之處。

書中分享的十一個案例中，每個案例我們都會透過共生五力的架構來分析。更多關於弘道發展共生社區的歷程與脈絡，則放在〈PART 4 弘道的社區共生之旅〉專章中介紹。

現在，歡迎你跟著我一起開始這趟關於臺灣共生社區的小旅行！

用十一個案例，
看見共生社區在臺灣的可能

PART

1

破框組織

社區照顧關懷據點的轉型

社區照顧關懷據點轉型共生社區前哨站，可行嗎？

內政部二〇二四年二月份公布的資料，六十五歲以上人口數為4,333,438人，占總人口數的十八．五〇％。根據衛生福利部社會家庭署二〇二四年六月底的統計，全臺設有五千五百二十七處社區照顧關懷據點（以下簡稱關懷據點）。這樣的通路規模，數量上僅次於臺灣隨處可見的統一超商門市7-11（統計至二〇二三年底展店六千六百三十一家），比其他品牌的便利超商門市還要多得多。

但這麼大一個針對終端消費者的通路雖然就布建在你我身邊，大部分的人卻常常視而不見。主要當然是因為關懷據點的經營和使用對象非常有針對性，除非你有認識的人是經營單位（通常是里長、社區發展協會或非營利組織），或是使用者（一定要是六十五歲以上的長輩），你應該對社區照顧關懷據點感到很陌生。

關懷據點最早是因為二〇一五年行政院所提出的「臺灣健康社區六星計畫」，由內政部在同年三月推出「社區照顧關懷據點」計畫所設置。由政府補助經費，與民間團體合作設立服務據點，運用在地志工來提供被戲稱為「據點四神湯」的四項服務：關懷訪視、電話問安、送餐、健康促進等，期待透過提供初級預防照護的手段，讓長輩在社區安老。[1]

關懷據點的經營原則上是由政府撥款補助，不向參加者收費，或只收取非常低廉的費用。因為經費都從政府而來，所以政府對於關懷據點的經營有非常嚴格的規定，包括開放時間、服務內容、參加人數、使用對象等，都必須達標才能持續得到補助。原本是希望可以更好地掌握關懷據點的發展與經營，但這樣由上而下、以控管為主的做法反而限縮了關懷據點的發展，因為許多社區在申請和經營關懷據點時，通常都以「達標」為目標，或只是做到「達標」而已；也因此關懷據點所在的社區和負責經營單位的想法和能量，會大幅度影響辦理的成效。

因應臺灣人口快速高齡化，並將於二〇二五年進入超高齡社會（六十五歲以上人口達五分之一），衛福部借鏡日本近年來推動的共生思維，發展出社區互助照顧的模式，並將「營造在地共生社區」列為《高齡社會白皮書》中重要的行動策略之一。

在這樣的政策指引下，已經廣為布建在許多鄰里的關懷據點成為協助社區走向共生，可以操作和開始實踐的最小單位。但只靠政策引導和要求，這樣上對下的做法就夠了嗎？「關懷據點」轉型成「共生社區前哨站」需要什麼樣的思維和做法？接下來我們就透過三個案例來了解。

案例 1

高雄前金區
弘道老人福利基金會之
「林投好客廳」

杜絕無緣社會！打開場域，用好客廳找回守望相助精神

「如果讓我在這裡住到人生的最後一刻，我願意！」

——高雄前金區大同社宅銀髮住戶 吳衡英

我幾次到「林投好客廳」都會遇到人稱「衡英阿姨」的吳衡英，她總是很熱情地招呼來訪的客人，或者協助弘道的工作夥伴張羅好客廳的大小事，還在「共生祭」時負責擔任導覽長輩，每天帶好幾團分享社區大小事，「說不累是騙人的，但真的很開心！」我原本以為她一定本來就是一個活潑外向的人，結果她說：「其實我很內向的，是天天來好客廳改變了我！」

年近七十的吳衡英本來住在高雄前鎮區的步登公寓三樓，前幾年膝蓋開始退化後，爬樓梯變成一件極為辛苦的事，她開始想要搬到有電梯的地方，「那時候剛好聽到這裡（大同社宅）要招租銀髮族，我就想來排排看。排到了，就搬進來了。住在這裡除了有電梯，附近的生活機能也很好，買菜走路就可以到，還有很多地方可以運動，社區裡有弘道的據點，很多課程和活動下樓就可以參加，很方便，生活比我原來的豐富太多了，交了很多的朋友，真的很開心也很感恩！」

吳衡英退休後一直是家庭照顧者，先是照顧公婆，然後是臺南娘家年邁的母親，「當時幾乎每天搭火車回臺南去照顧媽媽」，媽媽二〇二三年初過世，但同住的老公有輕微的帕金森氏症和失智症，所以她照顧人的擔子還是沒法卸下來。過去她幾乎沒有自己的生活，總是圍繞著家庭和別人的需求打轉，「所以我覺得我很內向，出門就是買菜，或是去臺南看媽媽，沒有自己的社交圈和生活。」

以往住在公寓裡，就算想與人多點互動也沒機會，「但社宅這裡就不一樣了！我以前都沒去過關懷據點，這裡因為據點就在樓下，感覺就像我家的另一個『客廳』，我幾乎每天都來，除了中午一起吃飯，有課上課，沒課大家一起玩拉密（桌遊）。」

從參與據點活動到開始參與社區，現在她每天下午四點左右，固定擔任不老食光志工，幫忙在麵包車擺攤賣麵包；看到外面的花圃沒人整理就去把它整理起來；看到弘道的工作人員很忙碌，就主動幫他們看前顧後，「這些都是自發性的，忙得很開心。聽到別人說妳花種得好漂亮！我也很有成就感。」

大同社宅戶數只有四十八戶，分居四層樓，共享一部電梯，鄰居間滿容易在搭電梯時遇到。當初設定可以來申請的資格，如果是青年戶必須低於四十歲；銀髮戶則是六十五歲以上。「所以這裡的父母都挺年輕，在電梯遇到了都會打聲招呼，他們大部分都還在上班，小孩大概都是學齡前或讀小學，許多下課後就到據點來寫功課，我們就像他們的阿公阿嬤一樣，不需要特別照顧他們，但會幫忙照看一下。」

對於吳衡英來說，長年擔任家庭照顧者的角色讓她都忘了自己也可以有屬於自己的生活，但有個如此鄰近的社區支持體系，讓她在照顧先生之餘，也能夠照顧到自己的身心靈，「其實，這樣的環境對我先生的狀況也很有幫助。以前他老覺得自己是病人，不太願意出門，和別人互動，但在這裡，弘道的工作人員知道怎麼引導他、鼓勵他，他們會想方設法讓他有可以做的事，讓他感到自己還有價值，社區裡其他人對我們也很友善，所以他就越來越願意出門了！而且他就在附近，即使單獨出門我也很放心。」

老屋老人群聚，高雄前金區林投里發展受限

高雄市這幾年發展快速，高樓大廈林立，尤其是愛河邊上，出現了許多號稱河景第一排的「豪宅」。然而同樣位於愛河周邊的林投里，卻隨處可見屋齡超過六十年以上的矮厝

和舊房子。不僅房子老，這裡的人也比較老，截至二〇二四年三月底，高雄市六十五歲以上人口占比超過十九％，前金區更達二十七％，林投里民中超過三成年齡超過六十五歲，約三百五十位。

為了落實居住正義，這幾年六都紛紛祭出居住利多的政策，發展並提供只租不賣的社會住宅是其中一項重要政策。二〇二〇年，高雄市府翻修位於大同二路和自強二路交叉口的廢棄警察宿舍為「大同社會住宅」（簡稱大同社宅），附近有大同公有市場、醫院、學校、幼兒園；商家林立，步行五分鐘可達捷運橘線舊市議會站、愛河邊、六合夜市等地點，生活機能完善。

大同社宅是高雄市首個強調青銀共居的社會住宅，四十八戶中包括十六戶銀髮宅和三十二戶青年宅（其中兩戶警消保留戶），分居二到五樓。戶數雖然不多，卻承載了很多政

由矮厝和舊房子構成的林投里，四周高樓林立。

策的期望，希望透過軟硬體的規劃，實踐青銀共居共融。高雄市都市發展局是房東，一樓的公共區域分成兩種規劃：前面面對主要街道大同二路的區塊，畫成六間商店出租；後面面對停車場則是委託社會局經營兩個場域：由弘道承接經營的林投社區照顧關懷據點並設置「巷弄長照站」①，以及由高雄市輔育人員職業工會承接經營、具有二十四小時臨托功能的公立嬰幼兒（六個月到六歲）托育中心，是目前全臺唯一提供二十四小時臨托服務的公托點。

總會在臺中市的弘道已經在高雄發展二十多年，之前主要提供居家長照服務；過去在前金區東金里的前金老人活動中心也經營關懷據點並設置巷弄長照站、長青學苑，但長輩通常不會跨過中正路來參加活動，因此他們很希望在南邊再開展一個服務據點，於是積極爭取大同社宅一樓的多功能空間，期待能作為共生場域的萌芽所在地。

配合弘道內部正在發展共生社區，在企業的公益支持下，弘道一開始對於這個位於社宅內的據點空間就有全新的想像。從規劃初期就希望在這裡可以融入更多的共生精神與設

林投好客廳位於大同社宅一樓。

計，搭配旁邊有嬰幼兒托育中心、國小、幼兒園、市場、醫院等設施，把關懷據點的服務對象從原來設定只有長輩，打開延伸至社區裡其他不同世代的居民，因此將這裡定名為「好客廳」②。期待以這裡為核心，創造出一個大家樂於參與、自由交流、互相幫助的地方。

把門打開！打造大家都能來坐坐的好客廳

林投好客廳是弘道決定推動共生社區後，內部最先選出的六個場域之一。要打造有共生精神的社區服務場域，第一件事就是把門打開，讓社區裡所有人樂意且放心地走進來。為了達到這個目的，林投好客廳在軟硬體的設計上都下了一番功夫，做了很多不同以往的設計與投資。硬體上，為了要讓據點的利用最大化並多元化，所以規劃成可以多元使用的

① C級巷弄長照站又簡稱巷弄長照站，由長照服務提供單位設置，鼓勵社區照顧關懷據點轉型，增強「照顧服務」功能，並強化初級預防照顧服務。這些站點提供便捷的照顧服務與喘息服務，如社會參與、健康促進、共餐服務，以及預防和延緩失能服務。具備能力的單位可額外提供喘息服務（臨時托顧）。社區照顧關懷據點如果願意在現有服務之外提供預防和延緩失能的課程，可以申請成為C級巷弄長照站，並提供短時數的照顧或喘息服務。C級巷弄長照站開放社福機構或醫事機構申請，因此分為社造C和醫事C兩類。

② 因位在林投里，所以稱「林投好客廳」，前金區老人活動中心另設有「東金好客廳」。

複合式空間，用磚造木質紋理地板提供溫暖的質感和氛圍，屋內有一個共享廚房，還有一張大桌子，桌椅都採活動式，方便按照需求進行不同配置；中間用活動式布簾隔開，必要時方便讓場地一分為二，在同時段做不同用途。所以下午時段，會有一些長輩在一邊上健康促進課，另外一邊則有長輩在玩桌遊，旁邊還有剛下課的小學生在寫作業。

好客廳的「直屬老闆」是社會局，對接的計畫實質上還是關懷據點，所以依照規定必須安排各種課程，把時間排滿，所以他們還是會有各種動靜態課程或健康促進活動，包含手工藝、歌唱、排舞、韻律舞蹈、瑜伽、音樂認知等，但重點是他們突破政策的要求與框架，不以照表操課為滿足，而是將空間和課程做不同轉換，例如提供運動空間，讓據點也成為青銀共享的簡易「健身房」；或打造成「共享食堂」，讓社區民眾相約在好客廳的大餐桌上一起吃早餐和午餐，很多長輩會從家裡端著盤子走進來，分享他們的私房菜，整個氛圍不像傳統的關懷據點那麼制式，大家慢慢開始把這裡當成自己家的「客廳」般來去自如。

位在社宅一樓給了「林投好客廳」得天獨厚的地理位置，有不少長輩以往都沒有去關懷據點的習慣，但住在這裡之後，幾乎是天天來報到，一來是因為「下樓就到了，真的很方便！」二來是好客廳的氛圍不是很制式，什麼時候想來走動一下都沒關係，「上課的話當然要遵守時間，但平常也可以在這裡一起吃飯、聊天、玩桌遊，或隨便做點什麼，真的比一個人坐在家裡看電視有趣多了！」一位長輩說。

「把門打開」是關懷據點轉型共生社區前哨站的重要做法，因此林投好客廳也積極向社宅和社區裡的民眾招手，設計他們可以一起參加的活動。考慮到社宅中的青年戶以年輕夫妻帶小小孩居多，但他們平常多忙著上班，沒什麼機會和社區其他人互動，弘道會選擇在週末舉辦小型市集，讓青年住戶帶著孩子來參加；也在好客廳門口放置一張桌子，作為二手物品的交換區；週一到週五下午四點還有一個促進中高齡就業的麵包餐車販售麵包，社宅的長輩也會主動去和工作人員一起販售或偶爾協助代顧攤位，除了提供長輩更多的自主價值，也創造和居民的互動。

社區居民們可以放鬆地在好客廳做自己的事。

促進中高齡就業的麵包餐車：不老食光。

「據點」成「聚點」，非典型社工是靈魂人物

弘道高雄服務處組長辛榕芝和社工翁弘育是林投好客廳經營有成的靈魂人物。大家都笑稱翁弘育是好客廳的「廳長」，雖然穿著弘道制服，但他們兩人和其他弘道夥伴充分發揮「好客廳精神」，把生活感完全帶進好客廳裡，親切地和每個人打招呼、對好客廳裡大小事瞭若指掌、對社區裡的每個長輩和居民狀況如數家珍。暑假時常見翁弘育帶著五歲的女兒一起來上班，「她最喜歡來這裡了！因為這裡有好多人陪她玩！」

他們兩人說其實一開始做「共生社區」時，也不太確定到底要怎麼開始或做什麼，因為「不知道共生社區到底是什麼？」秉持著這裡就是大家的「好客廳」的想法，他們的工作就是盡量去關懷、照顧和回應社宅居民的需求，「因為我們也負責管理樓上十六戶銀髮家園，因此對於他們的個人背景的確會了解比較多，也更能介入他們的生活，就有機會進行客製化的服務設計。」辛榕芝說。

辛榕芝觀察到，樓上青年戶的組成有不少爸爸是藍領，隨著工地生活，只有放假才回來，所以大部分時候是媽媽帶著小小孩在家生活，這些媽媽有的在牙醫診所、有的在麵包店打工，「據點剛開時我們想要鼓勵交流，做的第一件事就是共餐，那時候很多媽媽會帶著小孩一起來幫忙，和長輩一起吃飯，感覺真的很熱鬧。」她說青年戶不一定經常走進好

客廳參加活動，但好客廳的確提供他們一個和其他居民建立連結的場域，也讓整個社區環境感覺更熟悉、更安全。例如很多住在隔壁的鄰居因為這樣而認識，以後遇到了就會打招呼，甚至互相幫忙，「媽媽臨時要出門時會拜託隔壁阿嬤看一下。」在麵包店打工的媽媽回家時，會順手帶點麵包回來給鄰居阿嬤，或是擺在好客廳邀請大家來享用。

她還說，住在這裡的小孩因為家裡經濟條件的關係，下課比較少去上補習班或安親班，如果媽媽又還沒下班，好客廳就成了他們放學後到回家前一個安全的停留點，因此每天下午四點半後好客廳自動開啟安親班模式，只見許多小朋友趴在桌上寫功課，而有些長輩在旁邊玩桌遊，偶爾會互相聊一兩句，不過度打擾，互動起來很自然。

好客廳希望從「關懷據點」變成「社區聚點」，從傳統上是一個針對社區長者提供服務的「終點站」變成一個「中繼點」，扮演橋梁的角色，更大範圍地去串聯起社區裡不同的族群和需求，如此一來，弘道社工就能更精準地掌握和提供適合的服務給社區裡其他的居民。例如離好客廳不遠有個生旺巷，這裡也住了不少長輩，他們不會自己到好客廳來，弘道社工就過去在雜貨店旁的空地，藉著大家等著倒垃圾的時間，和大家聊聊天、帶大家做操或發麵包。原本社會變遷下人與人之間的互動減少，新冠疫情更是將這樣的互動和連結下降到幾乎為零，一開門時就遇到新冠疫情衝擊的林投好客廳，嘗試用這種生活必做的事情、生活必經的點，來和整個社區內的居民持續保持關係和輸送相關資源，「疫情期間，建立這樣的連結和輸送網絡在社區裡真的非常重要。」辛榕芝說。

疫情結束之後，翁弘育還是會到生旺巷前在居民等著倒垃圾的時間，帶大家做做操，運動一下；並且和生旺巷的傳統柑仔店老闆合作，一起去關懷訪視社區裡的弱勢長輩，慢慢也有一些社宅的長輩開始加入。

生旺巷附近的雜貨店老闆與弘道執行長李若綺。

解決超高齡社會「孤獨老」快速增加的重要解方

也許你看林投好客廳在做的事情，好像沒什麼特別。的確，充滿了人情味、鄰里之間守望相助，人與人之間有信任感，原本是每個住在社區裡的人最基本的想望，早期的臺灣社會充滿了這樣的人情味。只是現代社會快速發展，並將人類生活標準化和空間單一化，種種有形無形的空間建構，都讓長居都市叢林中的人因為人情味淡薄而失去了守望相助的美德。再加上社會中充滿了各式各樣推陳出新的詐騙，爸爸媽媽忙著教小朋友絕對不可以信任陌生人，我們不但不再保有守望相助的美德，甚至還一步步邁向日本媒體說的「無緣社會」。③

臺灣進入超高齡社會，代表約四百萬人年滿或超過六十五歲，但他們中約七成是生活自理完全沒有問題的健康長輩，有一成七是雖然有慢性病但控制得宜的亞健康長輩，只有一成三（十三％）需要某種程度的照顧，但並不是全時臥床的那一種。對大多數長者來說，醫療和長照並不是生活所需，最大的問題其實是「孤獨」、「生活沒有目標」或「沒有成就感」。

幸福生活指數，臺灣樣樣拿高分唯獨社會連結度不優

《天下雜誌》二〇二三年發表的「天下幸福生活指數」，拿臺灣和四十一個經濟合作暨發展組織（OECD）國家相比，臺灣在許多評比項目中表現突出：薪資所得超英趕美、社會安全堪比北歐，而且所得財富、健康狀況、生活與工作平衡、公民與政府治理及總體評分都大勝鄰國日韓，唯獨在社會連結度落入後段班，在四十一國中名列第三十七，只優

③ 為日本NHK探討人際關係疏離的專題節目中延伸出的新創詞，意指城市高度發展下，個人逐漸喪失了各種人際關係的聯繫，無緣可總括為三種緣分：社緣、血緣、地緣。

於墨西哥、智利、希臘和韓國，是臺灣在十一項指標中表現最差的一項。

這個結果讓人大感意外，不是說臺灣最美的風景是人嗎？被外國人盛讚的濃濃人情味，在面對自己身邊的人時卻表現不出來？這樣看來，臺灣離日本的無緣社會其實不遠，我們社會中的疏離感和孤獨感可能比想像地嚴重得多。

社會變遷已是事實，如何重新找回人與人之間的信任與溫暖？臺灣本是擁有多元族群的社會，不管是早期從閩粵飄洋過海來的移民，或是北漂者、新住民、原住民、外籍學生和勞工，大家與其想著落葉歸根或是返鄉退休，不如找到自己能自在生活的地方，建立起新的歸屬感，這就是共生社區所能發揮的最大功能。

透過一個可信任的第三方中介組織來營造社區共生感，讓居民透過這個中介組織重新建立彼此之間的感情和信任，弘道的好客廳就在扮演這個角色，它讓過往鄰里互助的美德重現。本來住在隔壁的鄰居並不認識，但因為一起到樓下參加了市集活動而有了連結，會開始在生活小事上互相幫忙、看頭看尾，「像是第四臺壞掉，就有長輩跑到隔壁問年輕人；手機的使用也是。也有年輕的媽媽臨時要晚點下班，會拜託隔壁的阿嬤幫忙照看一下家中的小孩。」辛榕芝說。

共生社區就是創造一個人人都想住、充滿人情味的社區

「回到有人情味的社區，是一件很棒的事情！」弘道執行長李若綺說。推動至今，她也開始看到弘道夥伴思維上的轉變，「過往據點會以辦活動來當作成果，但現在他們更了解辦活動不是為了活動本身，而是透過活動，串起人跟人之間的連結。」例如共餐的目的不是一起吃飯而已，而是有機會在過程中深度對話和交流，藉此多了解參加者，因此好客廳的主體就是一張大桌子、大廚房，加上玩具區、讀書角等不同的設計，吸引人自然而然地走進來找到自己的角落，或是自在地與他人互動。高齡者通常最難建立新的社會連結，最欠缺的是朋友，孤獨感很重，「我住進來時本來誰都不認識，現在每個人的名字都叫得出來，在樓梯口見了面也會打招呼，覺得住在社區裡很安心！」一位社宅長輩說。

李若綺說原來的社區像一個平靜的池塘，弘道工作人員就扮演那個小石頭，丟到池塘裡去激起一陣陣的漣漪，透過擾動建立起人與人之間的連結，「有了關係，才會有關心和觀察，才有機會更進一步深化彼此的關係。」例如有長輩在洗澡時過世，很快就被鄰居發現，趕緊通報，如果是在其他地方的獨居者，可能好幾天甚至好幾個星期才會被發現。

傍晚時分，翁弘育來跟我們說再見，並趕著下班前去幫樓上一個癌末的爺爺買晚餐。他說這個爺爺常在好客廳待到晚上七點多，工作人員很信任他，會放心把鑰匙留給他，他

也都按時歸還。「他前一陣子被確診攝護腺癌末期，最近因為有感染放了尿管導致行動不便，不能來好客廳。他雖然有家人住在附近，也積極為他安排各種長照資源，但像幫買晚餐這種事情還是我們來最適合。」果真應驗了「遠親不如近鄰」的俗諺，因此翁弘育最近每天都會在下班前幫這位長輩買晚餐，也順便看看他的狀況。

看著翁弘育匆匆離開的身影，李若綺有感而發地說：「我覺得共生社區在這種時候就可以發揮關鍵作用！像弘育提供的這個服務我以前從來沒有聽其他弘道夥伴做過，除非是居家服務的對象；但有了好客廳之後，我們就能針對個人需求提供更到位、更客製化和即時的服務；我們更了解他們，而他們也更信任我們，居民因此對社區有歸屬感，才有機會營造共生社區。」

舉辦共生祭展現初步成果，號召更多組織和個人響應

二〇二三年十一月，我再度來到大同社宅。過去這三年多，我來過這個地方無數次，但今天的心情非常不同。在南臺灣冬日暖陽的照拂下，覺得這個街區顯得比平常來得有活力且熱鬧。也許這並不是我的錯覺，因為臺灣第一個以共生社區為主題的街區策展「共生祭」正在這裡展演，十四天的時間，安排了各式各樣的活動：街區導覽、親子共學、手作體

驗、小型講座分享、海報展演等，希望串聯在地，把社區共生的觀念慢慢帶到居民的生活中。

只見許多人手上拿著主辦單位發的「共生祭」冒險護照，忙著在七大打卡點打卡，也順便看看展版上的介紹，了解什麼是共生？弘道為什麼要做共生？對面前金國小二年級的小朋友，正認真聽著由社區長輩充當導覽員的街區導覽，將鄉土教學教室直接搬到社區裡；來自其他縣市的社區工作人員跟著導覽長輩走進社宅旁「生旺巷」矮厝中的獨老居所，看見並呼吸著過去六十多年在地人生活樣貌所遺留的痕跡；年輕的參與者停下來和街區老柑仔店的第二代老闆聊聊天、買瓶飲料；推著嬰兒車的年輕媽媽和推著輪椅的外籍看護一起走到「林投好客廳」前的沙發區坐下來聊天，分享日常。

這個以「前金WELL-BEING」為主題號召，臺灣第一次以共生為名舉辦的街區導覽活動「共生祭」，其目的在將「共生」的觀念對內對外好好宣傳，也藉機串起「林投好客廳」與附近各種相關人士或使用者（或稱為「利害關係人」）的關係，所以除了有小學生來此上課外，也有其他縣市社會局承辦人直接帶著社區幹部來參觀，弘道的員工則來自全臺各地，希望藉此一探「共生社區」之堂奧，期待讓參觀者有所領悟與學習。

活動中許多導覽員都是培訓在地長輩擔任，他們每個人依自己的人生背景和個人經驗，分享著在這個社區裡生活的點點滴滴，讓共生社區不只是一句口號，而是實際行動。

共生五力分析	
開放參與	林投好客廳的開放參與精神具體表現在：1.硬體的購買、設置和設計上都考量全齡的需求，且是可以多元收納和應用的，讓小空間可以有最大的效用，且每個族群可以在空間的任何角落找到可以自在待著的可能。2.透過各種小行動的設計，讓附近的居民可以走到林投好客廳近處，讓社宅的居民與社區的居民自然產生互動與串聯，像是利用麵包餐車和校園接送小孩的家長接觸，或在服務外展時和生旺巷的居民互動等；利用免「廢」交換吸引不同族群來到好客廳。3.場域布置溫馨如家庭客廳，營造輕鬆自在的氛圍，讓每個族群之間自然互動，沒有歧視和標籤，並善用一些小技巧，例如場域中的收納或小提醒善用圖標的方式，讓第一次來的人或是在此活動的任何年齡層及族群都可以清楚怎麼運用空間內的物品。4.據點課程和活動會適時開放給附近居民參與。
自主價值	每個人在這邊可以各自展現「能」的地方，雜貨店老闆可以貢獻他對生旺巷的了解，長輩可以貢獻才藝、過往生活的智慧，青年戶可以貢獻3C教學等；設計不老食光麵包車，並販售由中高齡就業者親自烘焙的麵包，販售所得提供公益使用，增加善的循環。好客廳的許多課程和活動目前雖然還是由基金會主導，但慢慢有參加者和長輩會提出想上的課程或活動，甚至自我推薦成為帶領者，都是自主價值的重要展現。

互助網絡	社區關係和網絡通常多元且複雜，深淺不一，好客廳讓社宅居民有了一個可以建立深度連結的中心，彼此在此認識之後可以建立更深刻的橫向連結，互相照應。
多代多元共融	社宅的規劃本來就有青銀共融的設計，每層樓有銀髮戶和青年戶，同層但不同間，利用空間設計，創造多代的自然互動，因此這裡隨時可見不同世代共處一室，互相交流的景象。周邊有托嬰中心、幼兒園、小學，讓跨代共融更容易實現。
永續生活	希望做到服務和營運的永續，因此嘗試創造其他收入來源，例如透過不老食光烘焙坊與麵包車販賣麵包，也思考規劃可以收費的導覽行程；持續開發好客廳的長輩和其他使用者的能力，成為講師或活動帶領者。

Deborah 的心得

選擇弘道作為破框組織案例，是因為我觀察到他們在面對新趨勢或變動的大環境時，的確敢為人所不敢為，嘗試開闢出新的道路。過去推動電影《不老騎士》時如此，現在發展共生社區時亦是如此。

覺察到大環境的改變，勇於從組織內部創新、不怕打掉重練

我在美國矽谷工作時，跑過一陣子科技新聞，也在科技產業界任職，看盡了新創公司快速崛起、創辦人麻雀變鳳凰的故事，也寫過曾經風靡一時的大公司在大環境改變時沒有跟著做出改變而消失的故事。

這個經驗讓我深刻感受到當環境和大勢改變時，如果組織墨守成規、不願或無法跟著大環境作出改變，最終只有被淘汰的命運。更迭快速的科技產業是如此，其他產業，甚至非營利組織何嘗不是如此？

只是，組織轉型或創新，談何容易？有時候這種組織內的創新與轉型代表拿刀砍向自己最賺錢的金雞母，也意味著曾經最成功最厲害的團隊可能是最有包袱、最難改變的一群人。

因此在組織內推動創新或做出改變，對任何管理階層來說，永遠是一個巨大的冒險與賭注。很多領導層會選擇對警訊視而不見，只是繼續享受現在

的成功、粉飾太平，讓問題留到以後不得不的時候才解決……心想反正到時候我已經不在這個位子。

臺灣的高齡少子化來得又急又猛、世界人口平均壽命快速提高、我們已經進入百歲世代、人工智慧ＡＩ等科技工具的更迭迅速和易於取得……凡此種種，代表的也是這樣的大勢：我們正站在風口浪尖上，不是選擇改變，就是最終化為沙灘上的泡沫。

這種變動局勢中的經營者和管理者，很多時候不能只靠過往的經驗來判斷，而是要更聚焦地找出自己獨特的「價值主張」，因此要更對焦了解到底客戶（或是服務對象）的需求是什麼？在新時代來臨之際，我們能為他們解決什麼樣的問題或滿足怎麼樣的需求？這些答案有時候連客戶自己都不一定說得出來，所以我們必須從觀察、傾聽和設身處地中，真實地找出需求、然後提出對應之道；也許還要花點時間實驗，邊做邊學、邊做邊改。

在我看來，這樣的思維已經在弘道的組織ＤＮＡ中，共生社區的推動，需要人員的再造與組織的轉型才能因應整個大勢的改變。不僅僅領導階層要有破框的思維與改變的決心，更要推動組織文化和人員心態的徹底改變，才有機會成功。

弘道共生社區的案子剛啟動時，我曾隨團隊走遍北中南多個弘道照顧關懷據點，了解並評估他們進行共生型社區轉型時會面臨的挑戰與機會。我真實感受到像弘道這樣一個非營利組織想要進行創新和改革的難度，其實比一般企業更困難。老實說，一家新創公司拿了幾千萬美元的投資，如果最終沒有做出成果，頂多就是關門，創投者自認倒楣罷了；但非營利組織的經費和資源，通常來自於社會大眾的捐款，就算是政府給的經費或補助，其實也是人民的納稅錢，因此他們的行為受到更嚴格和更高道德標準的要求與檢視，在這樣的氛圍與文化中，鼓勵夥伴採行創意和開展新實驗的同時，也必須維持當責（accountable）的文化，並要求結果要具有一定的公信力，也就是每一分錢都必須用在刀口上，才對得起社會大眾和捐款者。

因此要在非營利組織推動轉型或創新服務，決策者要承受的壓力、必須具備的彈性和包容力，真的不可小覷。這也說明了為什麼弘道是一個破框組織，他們看到了大環境以及服務對象的改變，願意承擔，從根本上改變，充分賦權員工，並給予他們極大的自由度和支持，當然這也必須在一個擁有堅強互信基礎的企業文化中才能孕育出來。

對弘道來說，承接政府計畫經營關懷據點是行之有年的業務，他們自己直營和輔導的據點加起來有七百五十八個（二〇二三年十二月的統計），以這樣的服務規模和量能，只要繼續按照現況來做，哪有什麼問題。

但有破框思維的組織不會以現況為滿足，也不會以現在的成就來定義未來的成功，而會不斷從大環境的變動和服務對象（客戶）的回饋中，去尋求可以與時代接軌的價值定位，並認真尋求改變。

充分賦能與授權一線工作者，成為共生社區推動的靈魂人物

在弘道多個場域中，林投好客廳的共生發展算是做得相當有感的一個，原因除了文中提到位在社宅這個得天獨厚的條件，我覺得幾位工作人員的努力居功厥偉，他們都非常熟悉及了解社區工作，每天花很多時間在社區裡走跳，和不同的單位或個人「搏感情」，鮮少只是坐在電腦前或用電話處理事務。

好客廳的工作人員，突破以往關懷據點的經營框架，不是排好課表招滿長輩來上課就好，也不是只服務來據點共餐或上課的人，他們清楚了解：好客廳的服務對象不只是社宅裡的長輩或居民，也要服務社區裡的其他居民，是以長輩為核心，創造一個共好共融的環境。同時，服務設計的目的不是「去幫居民做什麼，而是鼓勵居民一起來做什麼。」

我曾經聽一位美國的高齡領域專家說，要讓長輩好好在地安老，一個好的handyman④勝過十個醫生！

我也想到我很喜歡的韓劇《海岸村恰恰恰》裡的洪班長，其實就是一個讓共生社區的各種元素可以有效「黏著」和「整合」起來的人。

我還想到二〇一七年和我一起去英國的銀髮組織Age UK跨海學習了兩個星期的弘道

---

④直譯為「雜活工」，指受雇協助處理室內外各種零活和雜事的工人。

大寮志工站站長陳美妃。護理師出身的美妃姐和擔任家醫科醫師的夫婿二十五年前就在大寮建立起在地的共生社區網絡，從早期陪伴獨居長輩、擔任講師進行糖尿病等慢性病衛教宣導，近期開辦銀髮健身俱樂部，同一個地點早上是據點，下午是進安康C級巷弄站，讓長輩可以來參加預防延緩失能的課程也可以順便使用健身器材，改善自己的體適能，增加肌力，透過綿密的志工網絡和弘道社工搭配，服務高雄鳳山、大寮地區的鄉親，志在打造在地健康社區。

不管是社工、handyman（雜活工）、洪班長、志工站站長，共生社區需要的靈魂人物很難用職務和角色來界定，他們的身分非常多元，而能力非常斜槓。他們住在社區裡，擁有各種才能，有時候陪伴長輩，有時候幫忙長輩進行簡單的居家修繕，還可以因應實際需求很隨機且流動地協助各式各樣的大小事務，善於和大家維護關係、樂於助人、古道熱腸。

處理社區裡的人事物，專業固然重要，但更重要的是具備常識，有足夠的生活歷練，懂得人情世故，願意協調折衝。其實做共生社區不是里長或社區發展協會理事長的工作，也不是社工或誰的責任，而是住在社區裡，懷抱著讓這裡更好的你我，都可以憑一己之力投入的一件事。

只要懷抱著讓社區變得更好的期待，不論是誰都能投入營造共生社區。

案例
2

彰化埔鹽鄉
大有社區關懷據點

讓農村長輩做自己！從長者為師到銀享彰化，
發揮永續社會影響力

二〇二一年我第一次來到彰化埔鹽鄉的大有社區，一個位在員林大排旁的傳統閩南農村。雖然老家在南部鄉下，但因為從小在都市長大，又多年旅居國外，我對於農村景象感覺有些陌生。記得我們約在員鹿路旁的「築巢書院」，看到一個作為長輩共餐和活動地點的古樸農舍有這麼典雅的名字，真是令人印象深刻！

我忍不住開口問：「這名字好好聽喔！怎麼來的呢？」結果，站在一旁的紅襖阿嬤忍不住咯咯笑了起來說：（用臺語）「哪有什麼取名字的典故？這裡本來就是豬寮啊！」她指著前面的公園說，二十多年前她開始「做社區」時，這裡就是個廢棄的豬舍，加上旁邊一大片空地，大家亂丟東西，整個就是一幅荒廢破敗的樣子，「前面這裡也不是公園，到處堆滿了垃圾。所以我們做社區就是先從整理環境、清理垃圾開始。」

當時她負責煮午餐給大家吃，中午時分就會大聲招呼大家到這裡來吃飯，嘴巴喊著：「來豬寮吃飯啊！」結果就被笑說：「我們又不是豬，為什麼要在豬寮吃飯?!」

人稱「玉仔」的紅襖阿嬤是社區裡的靈魂人物，她的本業是社區裡最年長的理髮師，但她熱心不受傳統框架束縛的性格，常常成了社區的領頭羊，不怕挑戰勇往直前，為人樂觀，總是堅定地帶著社區婆婆媽媽們一起迎接各種社區任務，身兼多職，是總鋪師和資深志工。

八十三歲的紅襖阿嬤，有著傳統農村婦女的強壯與堅毅，戴著斗笠、穿著工作服，晒得黝黑的皮膚，讓因為笑容露出的牙齒顯得格外明顯，整個人看起來非常自然不做作，很親切，讓我忍不住想用自己很破的臺語和她聊天，聽她說說大有社區過去這二十多年來是怎麼推動共生社區的？對她個人和周遭的鄰居生活，帶來了什麼樣的改變？

噢！對了，我還沒解釋為什麼豬寮叫做築巢書院?!繼續看下去你就知道了。

傳統農村縮影：人口多外移，只剩長輩、身心障者、低收入戶和單親家庭子女

「大有村」位於彰化縣埔鹽鄉北緣，臺七十六線東西向七公里處，是一個勤勞淳樸且

富有傳統農村氣息的鄉村聚落，居民九十五%從事農耕，多以種植稻米為主，是一個道地的農村社區。由於就業機會少，大部分年輕人口都到外地就業，僅留下最需要關懷照顧的年長老人、低收入戶、身心障礙者或單親家庭子女等弱勢族群，因此很需要發揮社區整體力量，群策群力來重建社區新風貌。[1]

大有社區發展協會前理事長吳素秋二十多年前陪先生從北部返鄉陪伴家中長輩，在家人的期望下出來競選地方公職，結果就這樣一頭栽進社區工作裡。地方長輩看到下一代從臺北回來打拚，為了讓晚輩有更好的生活，決定改善社區環境。當時村裡好幾對夫妻發起並投入社區改造的工作，長輩則是農閒時會去做小工、做土水。大家運用去工作前的空檔或是假日，一起把幾個聚會的場所陸續整理起來，「我那時候才六十二歲，是最年輕的喔！」紅襖阿嬤說。

吳素秋回憶道，剛回鄉時，她其實一點也不了解老人家，看到家中長輩每天早起就到菜園種菜、割草、施肥、除蟲，收成後還要拿到市場去賣，辛苦了半天卻又賣不了幾塊錢，「我從都市人的觀點看，覺得很不值得。」所以一開始很反對，覺得老人家自己又不缺錢，孩子也很孝順，幹麼過得這麼辛苦?!

「但後來我就懂了！農夫一輩子就是在農地裡耕作，種稻種菜就是他們自我價值的最高實踐，自己還做得到、還能貢獻、還能賺錢，這些都讓他們覺得很有尊嚴，而且老人家真的是要活就要動啊！」

從一起吃飯開始！埔鹽大有社區照顧關懷據點「築巢書院」

上世紀九〇年代正值政府大力推動社區營造，透過各種計畫挹注資源到基層鄉鎮，各地紛紛成立社區發展協會來承接這個資源，「大有社區發展協會」也於一九九五年成立。

發展協會原本是做課後輔導班，社區裡阿公阿嬤互相照顧社區裡的小孩，隨著時間推移，孩子們長大了，阿公阿嬤們也年長了，而男性平均餘命低於女性，因此社區裡有許多寡居阿嬤獨自在家，發展協會因著政府政策而開辦了社區照顧關懷據點。

大有社區的長輩多數務農，大部分是傳統的農村婦女，她們小時候沒有機會讀書，因此不識字，一輩子就在農田、菜園、生養孩子中度過。如果要讓她們持續到關懷據點來，

大有社區照顧關懷據點。

要怎麼安排才能吸引她們？都市裡頭流行的各種健康促進操、手作課程，長輩不一定有興趣，那要做什麼呢？讓她們做自己擅長的事情吧！所以協會開設關懷據點，一開始就沒把長輩，不管是獨居還是有什麼其他狀況者當成「被照顧」的對象，而是想著大家是要來這裡一起玩的同伴，大家可以一起做點什麼。什麼事情最能夠發揮大家的專長又是每天都要做的呢？當然是一起吃飯了！

所以大有社區關懷據點的共餐非常有生活感。週一到週五的中午，關懷據點提供社區獨居長輩與弱勢居民免費午餐饗宴，每個來的人彼此都認識，不像是去食堂吃飯，比較像是在田裡工作了一段時間回家吃飯的感覺，大家一邊聊天，談談生活近況、交換務農點滴，雖是簡單的福利，卻充滿了溫馨感。而且吃的青菜來自長輩自己種的無毒菜園，有些可能是早上才摘的，新鮮脆嫩；或是最近番薯盛產，堆了滿園，就拿到這裡來，大家一起做成包子或蒸成粿，然後拿出去賣，或是送給弱勢長輩或家庭，收入都回到長輩活動的公基金中，作為未來發展活動之用。

關懷據點對面的健康公園，是村裡的大戶人家陳家把一個廢棄的豬圈和旁邊的荒地無償捐出來供社區利用的一塊地，一屋一瓦、一草一木、地上鋪的磚、蓋的涼亭，都是大家跪在地上，或是把石頭挑在肩上辛苦完成的，很多人是在農務和家務之間過來幫忙，中午時分頂著大太陽挑土搬運、整理雜草，過程非常辛苦，慢慢把這個公共空間整理出來。但這個辛苦的過程反而成了一個很棒的team bonding event（意指創造團隊向心力的活動），成了串聯大家、認識彼此、同心協力的最佳催化劑。這個空間是大有社區營造的第一個點，也讓過程中參與的每個人都覺得自己是這裡的一分子，樂意來使用這個空間，聚會、運動、散步，在涼亭裡喝茶聊天並協助維持環境整潔。

長輩的日間托老中心就是這樣慢慢開始的。因為長輩一開始就參與了環境的整理過程，日後很自動地把這裡當成自己的地方，會時不時來此走動，因此社區發展協會就決定先在這裡開始「共餐」，反正來了就一起吃飯，感覺像到鄰居家一樣自然，而且大家分工合作，雖然還是有負責採買的大廚二廚，但來吃飯的長輩不會等著別人伺候，會一起幫忙準備、吃完飯後一起收拾。

因為這裡原本是廢棄的豬寮，所以「去豬寮吃飯喔！」成了當地長輩很自然的問候語，有時候遇到大型活動，還會透過廣播叫大家去豬寮吃飯，結果就有人笑說，「我們又不是豬，怎麼是去豬寮吃飯?!」再加上各式各樣的課程也慢慢在這裡展開，因此決定取其諧音，改稱為「築巢書院」，象徵著大有社區的一切都是從這裡開始。

用廢棄豬寮改造的築巢書院。

築巢書院內部，週一到週五的中午，長輩會來此共餐。

轉化務農長輩的專長，發展出無毒農法、金碳稻

帶學生來進行低碳社區評鑑的環球科技大學張子見老師發現：大有社區環保工作做得相當徹底，路旁可見枯木樹枝綁成一堆，預計當垃圾丟掉。他看了覺得很可惜，就建議社區試著把這些不需要的樹枝低溫燒製成生物碳，然後利用生物碳發展無毒農法，將生物碳

切成小塊放到土裡和水裡，以全自然的方式涵養土壤和水質，完全是讓垃圾變黃金，也改變農田地力。

這樣生態永續的觀念也落實在水稻種植上，為了活化社區產業，居民經過討論後決定發展健康無毒的「金碳稻」產業。金碳稻和一般稻米最大的不同，就是在農地整理時，將生物碳搗碎並撒入土壤中，成為最自然的肥料。除此之外，耕作過程中完全採用自然農法，不使用任何農藥或化學肥料，並且還養鴨子來吃害蟲，這樣做不但減少了農夫照顧農田的時間，也節省了肥料錢、鴨子的飼料錢和除蟲的費用，同時這段時間，稻田因為吸收鴨群排泄物而獲得足夠的養分，真是一舉數得。春夏期間在水稻田間看到鴨群來去自如，或是收成季節稻穗結實纍纍，黃金稻浪隨風起伏，或是休耕期間田裡會種植油菜花涵養土地，盛開的油菜花成了冬季最美的風景，一幅幅都是臺灣農村令人難忘的自然創作。[2]

這就是知名「金碳稻」的由來！「金碳稻」曾獲選為金馬獎貴賓伴手禮，是大有社區熱門的長銷商品，更是長輩的驕傲。

「長者為師」計畫，長輩們斜槓人生超展開！

協會也培訓一些口條還不錯的長輩擔任老師，陪伴小朋友或是企業志工學習什麼是無毒農法，看他們在稻田裡教孩子怎麼插秧、種稻，在自己最熟悉的場域做自己最擅長的事情，成為最佳的經驗傳承，也是最具特色的生態課程，真是讓人非常感動！

而這樣的設計帶給長輩的遠遠不止金錢的收入，而是「自我價值」的高度展現與提升。阿公阿嬤聽到小朋友「老師長、老師短」地叫，都笑得合不攏嘴！有阿嬤用臺語說：「我一世人沒讀過冊，只會寫自己的名字，今天竟然可以被人家喚作老師，真的足歡喜！」

長輩的自尊心大爆棚，他們對於自己的鄉里和農務技能充滿了濃濃的榮譽感與使命感，都樂於來到社區參加活動。協會就將長輩依體力和能力進行評估後分類：

樂活型：只要願意走出家門，參加據點活動就可以。

服務型：可以與社區活動結合，貢獻自己的專長，例如有婆婆媽媽在企業志工和學生的農業體驗活動中做「粿」，介紹米食，或在文化節慶中擔任總鋪師辦桌；擔任傳統技藝和農業技能等特殊專長的介紹者；擔任無毒農法的農務老師指導年輕農夫；用環保方式收集雨水、涵養土地，擔任生態老師。

教育型：用一些唾手可得的物品教大家做成可以用的東西，建立愛物惜物的觀念，例如做雞毛撢子、毽子等；為了讓大家更認識家鄉，認真梳理大有村的文史脈絡，並翻修陳家古厝，請長輩擔任導覽員；擔任食農教育的老師，帶孩子到菜園摘菜後一起煮來吃，充分體現從產地到餐桌的生態食農教育精神。

協會工作人員在過程中細心觀察長輩，幫他們找出所長然後給他們機會充分發揮；有的長輩面對人群可以很自然地侃侃而談，有的長輩則需要引導，依據每個人的特性分派不同的角色，或是給予適當的引導。當然，剛開始長輩們不一定都會教，也會覺得教學很困難，這時候工作人員就會從旁協助，提醒長輩可以像說給孫子聽一樣，慢慢講如何辨認雜草、如何種菜。因為授課內容是長輩自己很熟悉且擅長的事，只要建立起自信，慢慢地，不管是面對小朋友或是外國人都不會緊張，可以很自然地分享。

協會也幫長輩接案子，像是「大有五勢煮」是由五位擅長烹飪的婆婆媽媽組成的總鋪師團體，協會會介紹她們到臺中地區的學校做外燴。都市人已經不太知道怎麼弄大灶、蒸粿，所以也會找三合院企劃辦活動，邀請她們來辦桌。這些企劃和活動賺來的錢雖然不多，但可以讓長輩買喜歡的東西，或給孫兒買個玩具，過程中還可以和年輕人互動，賺到了開心和健康。

「像村裡的東雄伯，他的日常工作包括青年農務指導、陳家古厝導覽介紹，還參加《戲說臺灣》的演出，客串演員呢！」協會工作人員石佳蓉分享。

上述這些統稱為「長者為師」的計畫，讓大有社區長輩斜槓人生超展開，也促成了代間合作與跨代共融。

「每一個『長者為師』計畫都是跨世代合作，表面上看來，這個計畫是在提供長輩自我實現的舞臺，其實終極的期待是讓農村青年回到家鄉。在『長者為師』計畫裡，青年的角色是轉譯者及推動者，從如何申請方案到執行、文字影像紀錄、透過網路社群媒體宣傳活動等，皆需要青年的協助。近年來社區裡的確有幾位青年回鄉服務，一起發想方案，並安排周邊在地的國中小學生到社區裡參與互動，也更認識自己的家鄉。」石佳蓉說。

從「長者為師」到「銀享彰化」

大有社區「長者為師」計畫的成功，也由下而上影響了政策，彰化縣政府將其擴大為「銀享彰化」計畫，希望大有社區發揮標竿社區影響力，將這個模式分享到縣內其他社區據點。邀請縣內關懷據點自主加入，推動社區幹部、志工們與長者頻繁互動，找到長輩的專長，發展具在地特色的「長者為師」體驗活動，也帶領據點長輩挖掘社區故事，開發景點導覽，培訓長輩說故事的能力，除能幫助長輩找到自我價值，還可創造社區收入來源。

身為計畫主要執行者，石佳蓉分析「長者為師」成功的關鍵要素是「讓每個世代都有明確的角色，而且與在地特色結合」：

銀髮世代：長者是計畫的核心，將他們豐富的生活經驗透過田野調查和影像紀錄保留下來，建構傳承長者文化資料庫，或是設計成課程讓他們發揮所長並有效傳承下去，一方面也以量表評估長者的身心狀況。

中壯年團隊：負責延攬其他參與「長者為師」的社區，舉辦行動學堂，針對社區的中壯年幹部進行「長者為師」的人力培訓，並將培訓延伸至彰化縣內其他的關懷據點。

青年團隊：邀請更多青年參與，這個世代對數位工具更為擅長，他們可以將「長者為師」相關成果於網路社群行銷推廣，或是邀請國中小學生來到社區，促成更多的代間學習與互動。

在地發展：將在地人文歷史結合長輩生活經驗進行完整記錄，並透過平臺社群行銷，從在地文化出發，創造農村好生活。

從「長者為師」到「銀享彰化」，讓在地活躍老化不再是一句口號，而成為真實的行動並發揮巨大的影響力，是一個利用政府計畫達成社區成果，然後由下而上影響政策的重要模式。

石佳蓉透露，二〇二四年開始，她的工作內容有所轉變，「因應社會變遷和打造社區永續力，現在的工作更著重在開發樂齡族的潛能部分，例如讓戰後嬰兒潮世代的長輩走入社區，或是協助社區裡的其他族群如越來越多的新住民和外籍新娘也可以融入，在這裡好好生活，持續打造共生社區。」

共生五力分析	
開放參與	大有社區發展協會作為推動主力，社區中的大小事都透過與長輩共同討論來得到結論，而且所有活動設計和參與都注重與在地長輩的農村成長背景和日常生活連結。在社區中設置不同的參與點，從築巢書院到健康公園，從陳氏家宅到大有東籬菜園，多數設施都開放讓民眾自由使用與參與，就算共餐也不侷限長輩。
自主價值	在「長者為師」計畫中充分展現，是大有共生社區中做得最亮眼的一塊。因為看到農村長輩的活力與務農生活方式其實可以與生態、環保、永續生活、食農安全等許多現代議題結合，因此只要積極鼓勵長輩做自己、勇於參與、樂在其中，就能成為現代都市人的榜樣，不但讓農村長輩因此得到鼓勵，活得更有尊嚴更有自信，在過程中也促進了跨界合作、跨代共融。
互助網絡	農村社區本來人情味就濃厚，大家會互相幫忙，協會透過組織志工隊來深化社區互助網絡，目前約有八十人，分成土木、板模、植栽、修整、導覽等不同組別，以組織化的方式來打造一個健全的社區網絡和完善的志工服務，讓互助體系更綿密。

多代多元共融	長者為師計畫著重跨代設計，讓每個人都有角色，雖是以長者為核心，但由中壯年人士擔任引導員並負責外展，也設計角色讓青年參與，最終希望讓更多青年返鄉。計畫窗口石佳蓉本身就是返鄉青年。此外社區這幾年和中部地區學校合作，邀請青年學子寒暑假到社區做志工，也有國際學生參與，現在還有更多的新住民，讓小小社區充滿了多元文化融合交流的景象。
永續生活	推動以生物碳為基礎的無毒耕種，並據此推廣低碳健康生活和食農教育，再把這樣的生活方式開發成遊程和課程，以輕旅行、工作坊的方式推廣給來訪的各級學校學生和企業志工；發展社區產業及品牌「金碳稻」，獲選金馬獎貴賓伴手禮，大大打開知名度，獲得的收入都回饋到社區中，支持其永續發展。

Deborah 的心得

我還記得第一次到大有社區，聽到前理事長吳素秋談到，她剛回鄉時不理解公公天天早上都要去菜園辛苦勞作、摘菜去賣的行為，一直阻止，後來自己當了理事長，多和長輩相處，才改變觀念。她體認到：自己的工作就是創造舞臺讓長輩可以老有所用，引導不同世代的人做自己擅長的事情就好，沒有讀過書的老人家，活到這個年紀，被人家喊老師有多驕傲！老人家會做、年輕人會寫、小孩子來玩，三代同樂，各有貢獻，活在當下。她也說長輩都是自動自發地來，雖然沒有正式的研究或統計，「但我們發現：經常來社區的長輩走得也比較順，有些臥床不到一個月就從人生學校『畢業』了。你想想看，現在人人都想活得健康走得乾脆，讓每天都活得有意義、有目的，『到社區參與』應是達到這個目標的重要方法。」

她的這番話讓我深刻檢討。

常常看到很多身邊的朋友，包括自己，對於長輩和他們生活方式似乎總有些自以為是，嫌他們吃得不健康、運動方式不正確等等，其實自己根本沒老過，卻總覺得自己有資格對長者的生活方式、飲食習慣說三道四。說好聽一點是為他們好，但其實根本就沒有花時間去理解他們的人生脈絡？他們想要的是什麼？有沒有盡力創造一個他們可以自己作主、好好生活並盡力發揮所長的舞臺？

想要轉化長輩，讓他們「跟上時代」，並不是一直把他們不熟悉的東西推給他們，或是用我們會的東西去「教」他們，相反地，應該像大有社區一樣，讓長輩用他們最擅長的技能去對接這個時代的需求，這樣大家自然就會看到長輩的價值，他們自己也可以活得開心又有尊嚴，當一個人開心又有自信時，心胸會更開闊，也更願意和別人交往，學習新的事物。

大有社區的故事也讓我想到我去日本採訪的德島上勝町[3]，那裡的長輩為了賣葉子，個個搶著學怎麼用電腦，或是學習最新的植栽和園藝技術。而為了讓長輩用電腦用得更順手，年輕團隊開發了一個大型的滑鼠方便長輩使用；並且由年輕人來負責需要更高階電腦技能的產品研發和網路行銷工作，長輩就專心種植葉子。大家各司其職，青銀共創，長輩有舞臺，年輕人有工作，每個人在社區中都有角色，都可以貢獻所長，這就是共生社區的真諦啊！

案例
3

新北永和區
民權社區關懷據點

「俠女」邱秀蘭挑戰既定限制，帶領社區長輩投入服務，
成為超高齡社會前瞻性的表率！

新北市永和區車水馬龍的民權路六十號是市民活動中心，走上四樓就來到民權社區關懷據點，是一個典型的都會型據點。二〇一九年我帶了一個約三十人的團體到荷蘭進行銀髮創新組織和服務的學習參訪，民權社區發展協會執行長邱秀蘭也是成員之一，我們因此認識，我也跟著大家喊她「秀蘭姐」。

參訪期間大家一起共度九天八夜，白天訪視交流行程排得滿滿，內容豐富，含金量很高，原因不只是參訪的行程都經過設計，很有針對性和參考價值，也是因為參加者來自四面八方，許多都是像秀蘭姐一樣在某一領域耕耘多年的單位負責人和專業人士，大家都非常樂於從自己的經驗和專業領域出發，提出不同觀點與團員互相激盪想法，整個行程只要有空就是在不停地討論，不管是在車上、在路上，大家不斷進行開放式的跨域分享與整合，每個人都覺得好燒腦但也好受用！

我因為聽了秀蘭姐的分享，才了解她在社區裡正在做的事情，其他團員大部分來自長照機構或醫療相關單位，社區背景的人比較少，因此秀蘭姐的分享情境與內容總讓我感覺到：她真的非常在地、非常「以人為本」，而且一直圍繞著長者的需求打轉，不斷想著眼前這樣的服務在臺灣的情境下，我們可以做什麼？怎麼做？

她如何把荷蘭經驗帶回臺灣，並打造民權社區關懷據點成為雙北地區首屈一指的共生社區呢？我們一起來看看！

北漂族為了捍衛自己的居住環境，開始投入社區工作

常有人問：什麼樣的人格特質最適合做社區？其實社區工作很多元，所以需要形形色色的人，只要有心就可以，但古道熱腸、有點雞婆、像「俠女」一樣個性的人肯定非常適合，邱秀蘭就具有這樣的人格特質。

像大部分的人一樣，參與社區工作總有個契機，「我的是淹水！」邱秀蘭笑說。

她接著說，當年她從彰化溪湖嫁到臺北永和，北漂的小家庭買了房子正準備安居樂

業，沒想到一場大雨，讓整條街淹水。她指著現在已經整治得非常乾淨的新北市瓦磘溝說：「有一次前天晚上下大雨，隔天早上我一下樓發現機車怎麼不見了?!因為整條路變成了一條河，機車不知道漂到哪裡去了！那時候不要說是颱風了，只要下大雨，我們這裡就變成漂漂河！」在臺北討生活本來就不容易，每次淹完水身家財產都要損失一輪，這樣的日子怎麼過得下去？所以她開始組織社區民眾，為這件事情奔走陳情，要求主管機關整治……就這樣一頭栽進社區工作裡。

後來她陸續擔任里長、民代等工作，「但我不想再競選了！我只想好好做事、服務民眾。」所以在一九九三年成立了永和民權社區發展協會，主要服務永和區民權、民族、民治、智光四個里。「協會的成立是響應當年政府社區營造的政策，早期比較針對婦女、兒童和青少年，初期大家最常聚在一起做飯，所以我都戲稱我們是『炒米粉』團體！」

邱秀蘭和穿婚紗的長輩合影。（照片來源：邱秀蘭授權）

隨著高齡社會來臨，邱秀蘭注意到社區裡頭的獨居長者變多了，但這個區域裡的高齡者很多是退休的軍公教人員，教育程度高、家境小康、財務和健康狀況都維持得不錯，只是因為孩子去上班，常常是兩老關在家裡，日子過得無聊，所以邱秀蘭一開始就設定民權社區關懷據點的服務，要「老有所用、老有所成」，「服務長輩不只是照顧，而是要提升人生價值」。

爺奶熊寶貝歡樂園，突破重重限制推出社區型的嬰幼兒臨托服務

民權社區關懷據點的「爺奶熊寶貝歡樂園——嬰幼兒臨托服務」，是他們最具代表性的一項社區服務。邱秀蘭在很多場合都提到，開始這個服務的起心動念是因為看到一個社區裡的年輕媽媽，她一方面擔心找不到工作，一方面因為養育孩子沒有經驗而覺得很辛苦，只好一個人帶著小孩在街頭徘徊，還差點做了傻事。這件事讓邱秀蘭下定決心一定要解決這個問題，「如果讓據點裡的長輩一起來做這件事情，不是很棒?!」所以她就去申請了一個小型計畫，希望爭取一些經費來開始。

只是這個簡單的念頭卻讓她吃足了苦頭。「因為零到三歲的托嬰服務，要求非常多，法令的規範很嚴，我們幾乎天天被社會局的兒少窗口打槍，感覺上好像是希望我們放棄就

對了！」為了幫助長輩取得照顧嬰幼兒的相關知識，她初期和一家民間公司談好合作，沒想到溝通過程中雙方誤會了彼此的意思，「我是希望他們的師資來教我們的長輩，但對方以為我要送五十個人去學習，每個人學費八千七百元，總共要收四十幾萬元！但計畫經費連十萬都不到，怎麼可能付得起這筆錢?!」合作因此破局，她得另起爐灶。

剛好那時她認識一位雙和醫院的護理師，對方很支持這個理念，介紹了醫院的小兒科醫師呂孟哲給邱秀蘭認識，呂醫師一聽到邱秀蘭想做的事馬上非常阿莎力地答應，還決定用自己的時間來當講師，「呂醫師不是把這個培訓當成保母考照的職訓班在教，而是帶給我們非常多正確哺育嬰幼兒的觀念。很多長輩回家也可以用在自己的孫子身上，而孩子們看到父母親學習到的教養知識都覺得很棒，不但沒有兩代間常常因為帶孩子的觀念不同造成偏差，也都很放心支持父母來幫忙。」

但為了合乎法令要求，這個臨托服務還是必須配置領有保母證照的專業人員才行，「但並不是每一個人都需要，而是在每一個服務時段都有人在就可以了，剛好有一段時間很鼓勵阿公阿嬤去考照帶自己的孫子，我們本來就有些領有證照的爺奶可以符合這個法令規範，因此能盡快開展這個服務。」

但由於臨托服務地點也是長輩的關懷據點，主管單位又有意見，邱秀蘭就在關懷據點裡獨立出一個房間來設置這個臨托點，並將這個服務變成是「臨時托育型」的「公益服務」，參與的爺奶都是「志工」，大家輪班。

現在這裡是關懷據點裡長輩最愛來的角落，「我們有高齡九十三歲的長輩志工，他每天來這裡，聽小朋友喊『阿祖』、『阿祖』，就好開心，回家都睡不著覺呢！」

玉敏奶奶是第一期的爺奶保母志工，本身是退休老師的她，身先士卒地參與實驗計畫，對於據點的各種活動都相當支持，讓自己的退休人生過得十分有意義，現年八十八歲的她還因此得到關懷據點金點英雄獎！

而這個原本不被看好，受盡各種刁難才開始的服務，現在成了新北社會局的「招牌創新服務」之一，跨過了重重

號召爺奶提供社區嬰幼兒臨托服務。　（照片來源：邱秀蘭授權）

難關打造出現在新北市青銀共融最美麗的風景，因為它真正做到了以社區居民為中心、跨域整合、多代多元共融的目標。

「身心小站」，讓據點長者成為其他族群的支持體系

新北市中永和地區的人口相當稠密，光是協會所服務的四個里就超過一萬五千人，其中領有身心障礙手冊者近千人，占六．二％，比例相當高。邱秀蘭提到，以前社區裡的精神障礙者會有些比較奇怪的行為，容易造成大家的不安，例如長輩因為有憂鬱症，半夜睡不著去敲鄰居的門，搞得大家無法安眠；還有「遛鳥俠」在社區裡頭遊走，造成許多女性居民的不安……她就想：「我們可以做什麼來解決這個問題？」

經過和專業醫生討論後她發現：精障者在醫院時每天按時服藥，生活規律，病情控制得很好，一旦返家後，家人不知道該怎麼陪伴他們，甚至沒有盯著他們固定服藥，因此很多人會開始各種脫序的行為，「所以第一步就是讓他們固定服藥。」她再次施展跨域合作的本事，邀請長輩和這些精障居民兩兩一組，由長輩志工陪伴他們並固定去他們家，增加彼此的互動，也叮嚀他們用藥，如果他們狀況穩定，甚至還會帶著他們到據點來和大家一起撿菜、包水餃、備餐，很多人的身心狀態都因此得以維持穩定或得到改善。

邱秀蘭強調，這些精神障礙者以往很多是被社區隔離，或是被標籤化，被人家稱為「神經病、瘋子」，但來到這裡和長者和其他社區民眾互動之後，還可以幫忙整理環境、打菜撿菜，對於他們的自我價值產生莫大影響。「例如之前提到的那個溜鳥俠，後來因為他的狀況穩定，學習能力也不錯，我就介紹他去旅館的廚房幫忙，現在已經在餐廳覓得一份工作。另一位因為喪偶而得到憂鬱症的長輩也因為固定來據點活動重新找回自己，走出陰霾！」邱秀蘭提到這些居民的轉變，言語中有說不出的驕傲，「看到這些成果，就是我們做社區工作最大的回饋！」

獨居長輩走不出來，就把關懷據點「送進他家」

關懷訪視是據點的四大重點工作之一，讓長輩成為志工，陪伴社區裡的孤老走出來，是民權社區關懷協會另一個服務亮點。邱秀蘭說，協會所涵蓋的四個里中有大約五百位獨居長輩，所以他們一直以來都有做高風險長輩的關懷訪視服務，但過去比較著重經濟狀況和身體健康的支持，「但我們發現有越來越多的長輩其實需要的是心理方面的支持。」透過和老人福利推動聯盟合作的「孤獨處方箋」計畫，他們培訓據點的長輩成為孤老陪伴志工，經常去一些關在家裡走不出來的獨居長輩家走動，不只是關懷訪視、問有沒有服藥等例行公事，也要和他們慢慢地建立信任關係，才能真的幫到他們。

「既然他們走不出來，我們就把據點帶到他的家裡。」她指著遠方一位老先生說，「你看那位正在跟大家玩桌遊玩得很嗨的韓爺爺，一定想不到他也曾經是那個獨居且三不五時燒炭鬧自殺的人！」邱秀蘭說高齡九十七歲的韓爺爺有兩個長居海外的女兒，他曾試著搬去國外和女兒同住，卻因生活習慣不同，住起來並不開心；而女兒住在臺灣也不適應，所以變成家人分住兩地的生活方式，「一個人住的韓爺爺就開始胡思亂想，覺得女兒怎麼這麼不孝！自己活到這把年紀真是夠了！越想越不開心就想一走了之。我們好幾次都是去他家找出一堆木炭，把他從鬼門關前拉回來。」後來志工就好幾個人一組，固定到韓爺爺家陪伴他聊天，帶桌遊去跟他一起玩，慢慢突破他的心防，如今韓爺爺不但幾乎天天到據點報到，也成了據點的桌遊志工，固定負責揪玩咖，幫大家收拾整理。

前面提過的玉敏奶奶自己也曾經因為喪偶而身心受創，還好有協會的幫忙讓因為喪偶而走不出來的她重拾笑顏，所以她對這項志工服務非常投入，「玉敏奶奶曾經去拜訪一個獨居的奶奶，連續十二次都被拒在門外但她不放棄，第十三次對方終於開了鐵門和玉敏奶奶說話，第十四次是對方感到身體不舒服，打電話給玉敏奶奶請求幫忙，後來送醫三天後就過世了。」

還有八十歲的馬媽媽，曾經因為遭遇家暴而殺夫，儘管已經贖罪重返社會，但她擔心外界用異樣的眼光看待自己，不敢出門，長年鬱悶在家。多虧住在附近的玉敏奶奶不放棄，帶著兩位志工三不五時去她家串門子，將大家在據點學到的伸展操和手工藝都帶去和她分享，或邀請她走出家門到公園裡和鄰居打招呼，慢慢打開她的生活圈，幾個月後馬媽媽終於願意打開心房，談起自己的故事，並把玉敏奶奶當成姊姊一樣看待，現在也經常到據點來和大家共餐運動。

志工長輩從服務別人中得到力量

「讓別人有能量之前，要先讓自己有能量」，邱秀蘭指出。因此，社區開的志工培力課程不光是指導怎麼協助獨居老人，還包含教導志工怎麼照顧自己的心靈。

「我都跟來據點的退休長輩講，一個月十天拿來學習、十天休閒和陪家人、十天當志工，這樣就不怕不知道退休以後要做什麼了！」邱秀蘭認為，長照很重要，但避免落入長照的預

志工與長輩一起玩疊杯。 （照片來源：邱秀蘭授權）

防照顧更重要，據點志工探訪獨居老人不僅是為了獨居老人，其實也能讓這群活躍長者擁有繼續貢獻的舞臺。

邱秀蘭也努力替他們「量身訂做」適合的角色，讓他們發揮，「在我們民權社區，七十歲都算年輕人，只要他們走進來上課，我就會觀察大家的個性及強項，幫助他們找到第二專長，比如擅長文書的人就整理社區評鑑資料、喜歡運動的人就受訓當高齡健康自主管理講師，讓退休長輩再次找到自己的價值，同時增強社區的互助連結。」

疫情期間成為社區防疫人員的堅實後盾

民權關懷據點有效活化了社區裡的長輩，讓他們生活得更有意義和尊嚴，而相關服務也因此不斷衍伸出來，並深化了與社區裡不同族群之間的互動，自然形成互助網絡，這種看不見的網絡平時似乎沒有特定用途，但在危機來臨時卻能產生極大的效果。

COVID-19疫情來臨，中永和地區因為人口稠密，一開始就成為重熱區，那時候大家對於疫情的認識還不充分，也沒有疫苗，只能採取隔離，結果不但造成社區居民恐慌，也造成很多人際之間的誤會與隔閡，「醫護人員買不到便當，連要去便利商店買東西都被擋在門外！學校關門之後小孩子都沒人照顧，許多人只好跟指揮中心請假，而指揮中心人手本來就不夠，這樣一來根本是雪上加霜！」

看到這些在防疫第一線、已經非常辛苦的醫護警消人員還要受到這樣不公平的對待，還有很多獨居長輩因為無法到據點來活動，開始陷入苦悶和焦慮的狀況，邱秀蘭馬上號召據點志工來幫忙，其中很多是平時就有接受幫助的弱勢家庭的爸爸媽媽，他們都願意站出來，貢獻自己的一份力量。他們穿上防護衣，或是在據點協助準備便當，或是幫忙送餐和防疫物資，或是幫醫護人員帶小孩，讓他們可以無後顧之憂在前線打拚，也會打電話給獨居長輩，適時陪伴他們、緩解他們的不安或送餐給他們，然後藉機關懷並了解他們的狀況，「如果沒有我們平常在社區的積累和串聯，不可能一下子動員起來！」這個稱為「爺奶熊寶貝歡樂園喘息服務」、「防疫醫護人員喘息服務」的做法讓他們得到當年的「信義之星」大獎，主要頒發給疫情期間具有影響力、創新力和具體行動，對社區居民的身體、心靈有傑出貢獻的個人或民間單位。他們也是社家署舉辦的社區金點獎得主。

共生五力分析	
開放參與	民權關懷據點一週開放五天，雖然服務的對象以長輩為主，但透過轉化長輩為各項服務的志工，讓他們的服務不限長輩，例如需要臨托服務的年輕父母和嬰幼兒、身心障礙人士等，都參與其中。
自主價值	關懷據點以「老有所用」提升長輩的價值為目標，從熊寶貝歡樂園的嬰幼兒臨托服務到舉辦各種有意義的圓夢活動（帶他們到外縣市去玩，也幫當地的長輩圓夢）等，在在都讓長輩的自主價值明顯提升。
互助網絡	據點長輩平常會一起包水餃或做些簡單食品，分享給社區裡需要的弱勢家庭，就是因為平常的深入經營，因此形成了看不見的互助網絡，在疫情期間發揮極大的功效。
多代多元共融	熊寶貝歡樂園的臨托服務有效解決了社區裡年輕父母缺乏臨托服務的痛點；和學校計畫合作或邀請各大專院校年輕人寒暑假來當實習生，和長輩一起活動、出遊等，讓不同世代可以在歡樂的氛圍下享受彼此的陪伴。

永續生活

協會最突出的兩項是生態永續和創新服務永續：

1. 生態永續：邱秀蘭做社區一開始就是從瓦磘溝的環境整理開始，不但陳情要求政府單位整治瓦磘溝，也邀請社區居民一起整理環境，沿著溪邊設立了幾處公園綠地，還有放置免費圖書的漂書站。透過這些活動的參與和免費公共空間的設計，增加了居民對社區的理解和認同感，也多了可以停留和駐足的機會。

2. 創新服務永續：關懷據點雖然有政府的經費支援，但他們還是努力開發自有財源，但不是為賺錢而賺錢，而是透過賺取收入來增加長輩的自尊感，例如關懷據點長輩製作的一口酥，透過口耳相傳的管道來販售，是邱秀蘭到其他社區拜訪、分享串聯時總會帶上的伴手禮，不但成了民權社區關懷據點的招牌，賺得的利潤讓這個既是服務也是收入的做法可以永續，創造雙贏。

Deborah 的心得

最近一次看到秀蘭姐，她分享帶著社區裡的長輩下鄉出遊，本來是圓自己社區長輩的夢，到後來他們去別的社區交了朋友，還可以幫別人圓夢，或是解決農村人力不足的問題，「我下個星期就要帶他們去幫忙採收果子！之前還帶他們去撈捕虱目魚喔！半夜兩點就要起來，一路忙到早上七點，其實很辛苦，但你問他們下次要不要再去，每個人都舉手！」她笑吟吟地說。

的確，每次看到秀蘭姐，她都會興奮地拉著我，告訴我最近社區又開展了什麼有趣的服務，或是她又帶大家到哪裡去玩耍圓夢，或帶著長輩到離島偏鄉三天兩夜和當地居民互動，幫他們解決這個那個問題，用他們滿滿的熱情與活力，關懷和陪伴其他社區的長輩。我總是很佩服她的活力和點子不斷，而她總說這是荷蘭行給她的啟發，那趟旅程讓她的社區工作開了一個天眼，看到全新的視野，也打了一劑強心針，「我回來以後什麼都敢去嘗試，真的非常感謝！」我聽了一方面覺得很開心，一方面也想到這幾年看到很多位像秀蘭姐這樣的人，他們其實本來就很有想法，也很努力，其他國家的做法或同行夥伴分享的見聞，讓他們看到了希望、找到了同伴或驗證了可能性，了解「吾道不孤」，因此對自己更有信心，而願意繼續堅持和努力下去。

民權社區知名的爺奶熊寶貝歡樂園的案例說明了在社區裡想要推動跨域

整合服務，其實沒有想像地那麼簡單。我們第一個印象可能會覺得「讓爺爺奶奶來幫忙帶小孩，很合理啊！」但聽了他們推動的過程才發現：這個簡單的想法一旦推動起來，會有這麼多限制和難關，例如需要師資、需要證照、場地有特別的要求等。因此社區服務不是靠天馬行空的想法丟出來就可以馬上推動，實際操作時會遇到許多需要處理的事，並不是不能達成，但也要有耐心一關一關過。

民權社區的案例也讓我想要再次大聲疾呼：所謂的高齡人口的樣貌已經改變，我們絕對不能用過去的思維來提供服務給現在或未來的他們。也許用「提供服務」這樣的想法本身就是錯的，因為新一代的65+有能力、也願意打造自己的幸福老年，他們只是需要引導怎麼去思考和執行「自己的老年自己設計」這件事情。許多都會區的關懷據點資源豐沛，參與者每天有上不完的課，要什麼樣的老師都找得到，動不動就可以出去外面玩一趟，這樣雖然可以說是讓服務做好做滿，但是否可以讓這些能量豐沛的長輩和據點，成為其他組織或社區裡其他族群的支持力量，而他們自己也可以從這種助人利他的設計中得到滿足，創造多贏？

民權社區關懷據點的案例讓我們看到這個想法是完全可行的！而且他們已經在實踐了！許多住在都會區的新一代65+，他們更在意的是自我價值的實現，所以我們在社區裡的關懷據點系統一定要從思維上做根本的反轉，從原本健康照顧醫療導向的設定，轉成更加著重社會融合和自我價值實現的方向。

關懷據點屬於社區整體照顧體系的一環，由衛福部社家署管轄，它要達成的目標是「防患於未然」，也就是說它希望在問題還沒發生前讓它沒有機會發生，最重要的是社區居民建立信任感，打造一個無形卻強而有力的互助網絡，這和長照二・〇比較偏重「問題發生了再來處理」的設計思維非常不同，所以要用全新的觀點，甚至新的檢視架構去監督和應對關懷據點的設置與管理，給予實驗空間，鼓勵每個據點回到自己的社區中透過小型的實驗，做出更多符合社區居民需求的多贏創新型服務，永和民權關懷據點有很多值得參考和效法的地方。

如果現有的五千五百多個關懷據點，都能充分發揮自己的特色與量能，相信臺灣就能成為另一個讓人健康長壽、幸福終老的藍色寶地之所在，我熱切地期盼且相信著。

PART

2

破框做法

從社區營造到社區共生

社區營造是什麼？為何它是打造共生社區的重要基石？

提到社區，一般人比較常聽到的應該是「社區營造」，畢竟這是一個在臺灣推動多年的政策。一九九三年，當年的文化建設委員會（現為文化部）首度提出「社區總體營造」概念：「由該社區當地居民共同參與公共事務，共同解決社區問題、思考社區的發展方向。如此不但能凝聚社區意識，也能開發利用社區人力資源，強化社區組織的運作。」[1]

由此看來，其實社區營造和共生社區有諸多共通點，他們都是借自日本的觀念，都強調「由下而上」、「民眾參與」、「社區自主」和「永續發展」等原則，人是重要關鍵。如果硬要區分的話，社區營造由文化部主管，以文史挖掘、文化藝術活動為主軸；共生社區由衛生福利部推動，發展脈絡是因應超高齡社會來臨，人口結構改變，希望從「社區整體共同照顧」的觀念來發展社區互助網絡，強化預防照顧和居民自主健康管理的能量。

社區是各式資源分配到民眾端的最後一哩路，所以社區裡其實一直都有各式各樣來自政府或民間的經費補助或方案執行。除了文化部推動的社區營造，越來越多的單位把資源投到社區中，近年來因為大學社會責任（University Social Responsibility，簡稱ＵＳＲ）的推動，甚至連學校都來「做社區」。因應這樣的發展，除了屬於公部門體系的鄰（村）里長外，地方上也陸續成立許多社區型的組織，以求更好地承接和利用這些資源。

過去三十多年，在社區營造的政策引導和民間組織的共同努力下，臺灣一些鄉鎮市的確因此更能凝聚社區居民，走出自己的道路，盡力發展成為不同世代可以共同幸福生活之所在。

以下我們就介紹幾個從社區營造角度發展出來的共生社區案例。

案例
4

臺南青銀共創概念店「Oh Old! 柑な店」

從 USR 長出的社區平臺，讓古都不同世代「一起好好生活」

二〇二四年臺南慶祝建城四百年，身為臺灣第一古都，臺南不但是國人小旅行的最愛，也是國際知名景點，美國CNN電視臺把它列為二〇二四年最值得去的旅遊城市之一，鄰近的日本也有許多雜誌專題報導，國內外觀光客絡繹於途。

如果去臺南市區旅遊，你一定走過民權路，這段路東起中西區東門圓環、西至安平區安北路，清朝時期有「府城十字大街」之稱，民權路二段於十七世紀臺灣荷西殖民時期時稱普羅民遮街，到了清領時期改過無數名稱，但一直是府城最繁華的大街，直到今天，這裡也依然還有許多的小吃、名店、老宅……只要到訪臺南，一定不會錯過。

二〇一九年，在民權路靠近青年路上開了一間特別的小店「Oh Old! 柑な店」，是我此行造訪的主要目的地。今天要到這裡和 Oh Old! 團隊會面，一邊享用駐店主廚蘇媽媽的家常拿手好菜，一邊也聽聽兩位創辦人盧紀邦、林奕仁這幾年在臺南市區透過青銀共創，打造共生社區的故事。

從大學社會責任（USR）開始的計畫

臺南出生長大的盧紀邦和來自桃園的林奕仁是成功大學建築研究所的學長學弟，因為共同參與國科會「人文創新與社會實踐計畫」，而從學校走進臺南市的老社區中，做起田野調查，這段經驗讓他們深深愛上了臺南這座極富風情的古都。國科會計畫的目標是回應臺灣當前及所在區域的重要社會議題與困境，透過哲學基本原則反思、有系統地進行歷史考察與結構性的議題研究，提出具創新意義的行動設計方案。

而成大人文創新社會實踐計畫是以社區／地方議題為導向的實踐研究，其核心概念是「共好社會」，強調在各種社會制度與活動中，人與人、人與自然之間應建立互惠、合作的關係，以促進公民集體福祉及人與自然的共存共容，並回應當前政治、社會、經濟發展的各類不正義與永續發展困境等問題。此計畫選定了四個社區（兩個在市區、兩個在偏鄉），由學校團隊和在地社區一起創造累積「公共實踐智慧」。[1]

當時在成大做博士後研究的盧紀邦負責臺南市中西區銀同社區，以「高齡者社區生活發展」為議題，探索舊市區中心商業區長者在地老化的可能性，逐步發展都市型高齡者生活型態的共好模式。

「把這些文謅謅的計畫文字翻譯成白話文就是說：我們想要理解，位於臺南市區的銀同社區面臨著城市和人口雙老，如果要做到『在地安老』，它的樣貌該是如何？發展路徑又會是什麼？」盧紀邦強調，位於中西區永華里的銀同社區，可以說是臺灣最早的鬧區，但這些兩三百年前就已經開發的街區，到現在面臨著經濟功能和物質功能的衰退，公共設施不符合當代需求。都市更新的手段雖然可促進土地的再開發和利用，復甦都市機能、改善居住環境，但考慮到都市既有的歷史脈絡和實質環境問題，都市更新對這樣充滿歷史意義的老舊城區並不見得是最好的再生方式。[2]

念建築出身的盧紀邦強調在社區營造中，空間和文化必須並行，人是最重要的角色，「不能只是一直加硬體，生活在社區裡的人的過去、現在和未來，他們的每日生活，才是這裡真正的文化，我們若做營造不可能只著重在硬體或只關注某一類人。」他也說，銀同社區是臺灣許多都市型社區的縮影，「如果我們想要保存老宅和原有的文化景觀，那有些東西就一定不符合當代的生活機能需求，例如狹窄的巷弄、有門檻的老宅、太窄的房門和無法達標的無障礙廁所……但難道一切都只能打掉重練嗎？」

銀同社區位於臺南市中心商業區的歷史區域內，過去的商業行為主要分布在街廓外，街廓內部以居住機能為主，但在以商業與文化觀光為導向的都市發展過程中，政府經費挹注街廓內的商業行為，鼓勵各式各樣的新型態商業活動進駐，大家只要想想：現在去臺南觀光，是不是最喜歡參加充滿歷史文化風情的巷弄小旅行，或到傳統食品店吃在地小吃，或住在老宅改建的民宿等……臺南也是文青開店首選，根據統計二〇一三到一五年間，銀同社區內的文創店家激增了近二十家，原本是居民熟悉的社區環境，卻因為店家進入街廓內，同時帶進了來消費、觀光的外來者，而使得社區內部的日常生活和環境受到干擾。

新舊居民的衝突，反而是建立社區關係的契機

駐點當地的成大團隊，在和里長合作的過程中，注意到新舊居民衝突的問題。里長辦公室三天兩頭接到許多長住居民投訴，說店家客人的車子亂停，影響到他們的進出；已經很晚了店家還在營業，影響到他們的作息；觀光客任意進入他們的私有環境還拍照，讓人很不舒服……；而新搬進來的店家也有話說，他們認為自己也是社區的一分子，在這裡做生意、過生活，為什麼里長只聽長住居民的意見？

「剛開始一起開會的氣氛真的不太友好，雙方感覺有些劍拔弩張，但真正的鄰里關係

不是靠制定各種規範和政策，甚至罰款就能解決的，而是要靠彼此理解，願意一起共好，找出可以共存的解決之道。」盧紀邦說，以此為契機，成大團隊和里長、社區發展協會和在地店家攜手，開始了他們在銀同社區的青銀跨代合作計畫。

臺灣近年來很流行老屋活化或是歷史街區的保留，除了古蹟保存的重要性，其實這些街區也是看到常民生活脈絡很重要的文物。老建築或老街區之所以讓人覺得饒富趣味，就是因為其空間或建築物的元素，在時間的洗禮下，呈現出多樣化、多層次的脈絡與紋理，創造出他們獨一無二的氛圍。然而在都市發展更新的時代變遷下，大部分的歷史街區都呈現人口老化或居民外移的狀況，因此許多老屋沒有人住也沒人整理，街區裡的建物快速毀損，甚至消失。[3]

成大團隊在社區蹲點的過程中，和長輩一起整理環境，看到很多長輩願意把自己私領域的閒置空間整理出來供大家觀賞或使用，這在土地取得不易的舊市區不但十分難得，也讓他們對自己的社區更有歸屬感和榮譽感，他們會對外來者分享自己種的花花草草，或介紹巷弄中的舊歷史，「感覺他們並不封閉，思想也不老舊，更不是所有長輩都不喜歡新店家進駐，不少人覺得有年輕人進到社區裡，帶來新的氣象和活動也很好。所以我們更加相信社區營造的目的不在生出條例、進行管理，而是應該開啟對話的管道，讓他們更了解彼此的做法和想法，而在這個過程中，我們是不是有機會讓他們陪伴彼此？建構在地安居樂業最佳的支持體系？」

因此團隊從成立「社區工作室」開始，一方面透過實體空間進駐銀同社區，成為社區的一分子，也作為一個交流平臺，嘗試媒合在地資源、牽引社區組織、新舊居民、在地店家、專家學者一起參與合作。他們從盤點和彙整社區裡的環境資源開始，串聯社區關鍵領導人物和組織，也培養社區居民的自我意識；在討論的過程中，帶動大家更積極地參與和交流，讓原來彼此不相往來的社區居民和店家間有了更多正向友善的互動。

有意識地引導社區裡不同群體溝通交流，創造共生感

近年來，在舊市區公共空間維護整理及民間舊建物空間再利用的趨勢下，有越來越多外來的新店家進駐銀同社區，除了個別的商業考量，部分也是因為認同和喜歡在地歷史區域裡的生活場域，而選擇舊街區定居落腳。新進駐店家藉由各自的專業生活於社區，但多數因對地區現況環境的認知有限，缺乏與在地居民彼此互動之管道，亦不易與在地組織有所交集。

在新（年輕）店家與舊（年長）居民的對立中，成大團隊的策略是透過平臺建立起對社區發展整合性的視野，邀請引導新進駐的店家，以不同的專業能力來一起參與街區環境的改造與社區生活的營造活動。

他們的策略和做法包括：

一、搭起社區與進駐店家的互動橋梁：日常性地拜訪社區裡的住民和店家並與之交流，定期透過平臺舉辦聚會和經營分享等，然後聯繫社區組織共同參與討論。這些店家從原本與社區無互動到開始有交集，並逐漸感受自己是社區一分子，和社區有共榮的關係。

二、邀請新舊住戶一起進行巷弄公共環境的營造：工作室以「認養與轉化利用」的社會設計模式，打造社區內的特色空間，建構巷弄裡的「遊逛」元素，凝聚大家一起營造巷弄環境之共識。過程中，許多新店家的年輕店主紛紛貢獻所長，有負責進行整理規劃者，也有本業是攝影記者的店家協助記錄社區活動，還有店家本身就是設計師因此出面專業指導社區的施工營造，或是在美化環境過程中，與居民一起形塑入口意象，也有提供餐食供大家享用，或是提供聚會地點的店家。在持續互動下，店家開始自發性地帶入不同周邊資源和社區團隊搭配，齊力參與社區營造。[4]

如果比較歷史街區的環境再生操作模式，一般傳統模式和成大社區工作室在銀同社區的操作模式，會發現不管是執行步驟和參與單位，後者都細膩許多。（參考圖五）

有了成大團隊運作的平臺居中協調和開發，社區開始動起來了，舊住戶和新店家間的互動交流也益發頻繁，而且開始出現許多獨具巧思的創意，例如年輕人幫長輩街拍，還製作成宣傳明信片；或是年底時共同舉辦市集，許多攤位由青銀兩代一起發想題材、招呼客

圖五、一般傳統模式與銀同社區的模式之對照圖

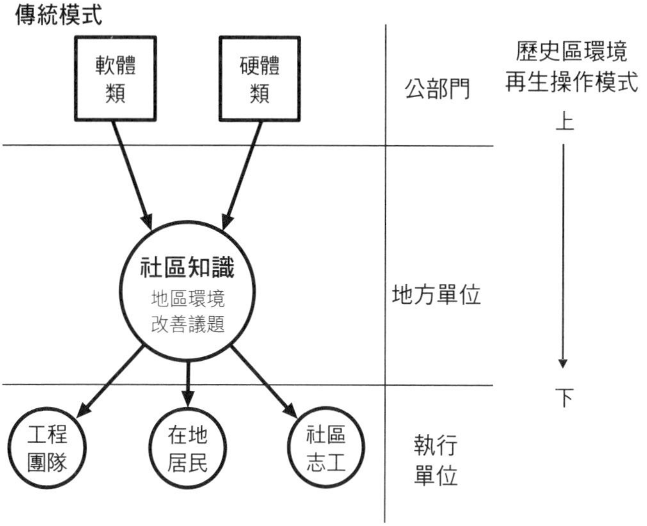

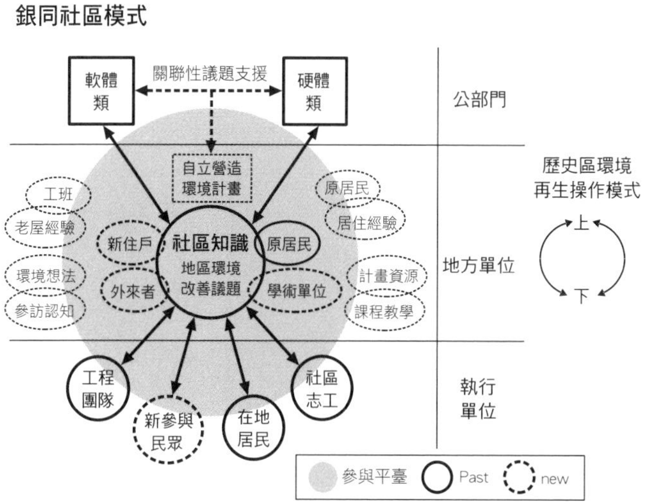

（原圖繪製者：黃一中）[5]

人，再加上社區裡原有的貓咪高地等彩繪景點，讓銀同社區成了臺南市區相當有特色的巷弄街區，充分突顯了這個跨代計畫的成效。

全臺第一家青銀共創概念店「Oh Old! 柑な店」

因為參與計畫進到社區蹲點，深入接觸社區裡的高齡長者和各類族群，以最直觀的方式去面對臺灣人口高齡化的浪潮，盧紀邦和林奕仁越做越有興趣。計畫從國科會變成學校的ＵＳＲ，而他們依然在社區深耕，和長輩搏感情，或是參與成大在其他地區的計畫，持續關注高齡議題，例如盧紀邦就協

全臺第一家青銀共創概念店「Oh Old! 柑な店」。

助屏東竹田鄉失智友善社區的建置和志工培訓。

居中協調的經驗也讓他們了解到：如果要持續深耕社區，有機會「玩出不同的可能性」，學校計畫雖然有經費的支持但侷限也較大，所以二〇一九年在因緣際會下，兩人決定租下民權路上的一個店面，正式成立「Oh Old! 柑な店」，主打口號是「像是一家店，但更像是一個家！」

柑な店的發音近似臺語的柑仔店（雜貨店），也有「好像是一家店」的意思；柑仔店在傳統鄉里中扮演關鍵角色，是社區居民聚集聊天和交換資訊的重要場所，什麼都可以賣，什麼訊息都可以在這裡交換，感覺上非常親民；發音類似臺語的「好像一家店」則是希望這個地方不只是一家店，更像是社區居民和長輩的一個家。

長輩創業柑な有可能?!蘇媽媽、玉理阿嬤的故事

來到 Oh Old! 柑な店，最期待的就是品嘗駐店主廚蘇媽媽的家常拿手好菜。店的前廳有一張大桌子，吃飯、上課都在這裡，此時大家正忙著把桌面清理出來，等會一起聚餐，後面廚房飄來食物的香味，以及煮飯的嘈雜聲，很有生活感。在等著吃午餐的同時，我跟身邊的玉理阿嬤聊了一下。

「這些都是我鉤的，這些是指導年輕人一起創作的……」玉理阿嬤一邊指著兩旁架子上擺的各式手工織品，一邊說著。林奕仁在旁邊補充熱血的玉理阿嬤加入的故事：「這家店剛開始時，我們希望邀請不同世代的年輕人和長輩來這裡『共創』，本來我們想應該會招募到比較多的年輕人，沒想到反而是比較多長輩。玉理阿嬤就是其中的一位！有一天她抱著一個陳舊的紙箱來，說這是她從年輕時就有的興趣，希望我們可以跟她一起做（鉤針）。」

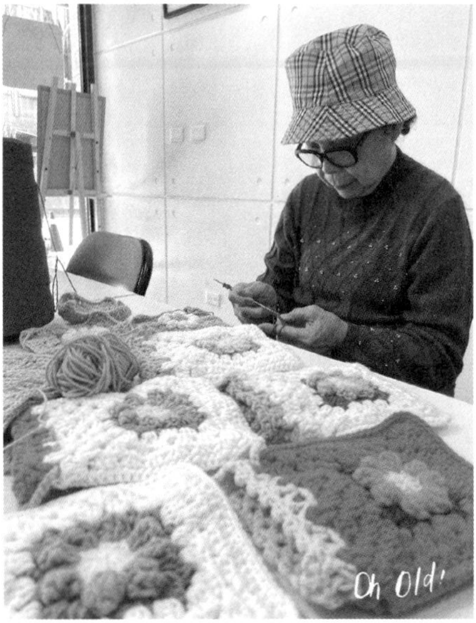

玉理阿嬤與她的鉤針作品。
（照片來源：Oh Old! 授權）

八十幾歲的玉理阿嬤住在附近，本來就熱心參與社區事務、活力四射。她從年輕時就很喜歡用鉤針鉤東西，但那個年代女人被期待以家庭為重，因此她結婚後就忙於家庭和照顧孩子，只能把鉤針當成興趣，閒暇時才做，壓根兒沒有想過用這個興趣來創業。因為參加 Oh Old! 柑な店之前舉辦的「熟齡吧檯手」計畫而和 Oh Old! 團隊變成好友，看著年輕人充滿創業的活力，讓她忍不住想「為自己活一次」，因此大膽向林奕仁提出用鉤針來做點什麼的想法；Oh Old! 團隊也決定幫玉理阿嬤圓夢，為她設計了種種從鉤針開始的新可能：在店裡教大家鉤鉤針、販賣鉤針商品、在「活動通」上開課，甚至和青年織品創業家一起設計新的鉤針飾品。

玉理阿嬤的行動力也讓她成了榜樣，影響了其他長輩一起來學習，而她自己在過程中則不斷地想要做到更好，還拜託團隊幫忙找老師讓她持續精進技術，「八十幾歲的她充滿了行動力，連我們都被感染了！」

林奕仁說，開店讓他有機會和長輩一對一接觸，改變了很多對長輩的刻板印象，「其實長輩比我們想得更熱血、更願意付出和投入！」他說像早期為了促成跨代交流，他們邀請年輕的咖啡店店長來教長輩泡義式咖啡學拉花，訓練出一批小有名氣的「熟齡吧檯手」，「有一次臺北有個活動邀請她們去，但卻不願負擔車馬費，我們本來覺

熟齡吧檯手（左三為玉理阿嬤）。　（照片來源：Oh Old! 授權）

得這樣對長輩負擔太大，想要回絕，沒想到是長輩主動提出『沒錢就去賺啊！』然後發起『美味關係：阿嬤們的手路菜募款』活動，最後順利賺到了車馬費，開開心心到臺北參加活動！」

讓長輩影響長輩，年輕人影響年輕人

開店這幾年下來，盧紀邦和林奕仁充分感受到青銀相伴和同儕有伴是營造跨代共融的關鍵。「我們做的事情，都不是我們主導，然後要長輩配合；而是他們想做什麼，我們幫他們完成、牽線或擴大；年輕人也是，我們找到一些點讓他們彼此相伴、一起共創，最重要是放下成見，願意開始聆聽和了解對方在想什麼？我可以做什麼？」林奕仁說。

他也指出，其實同儕才是影響彼此的關鍵，「所以我們的做法是讓長輩影響長輩，年輕人影響年輕人。」例如：其他長輩看到蘇媽媽、玉理阿嬤的例子，也開始走出家門、走進社區，有的擔任導覽員、有的去圖書館當說故事志工，「勇於嘗試不同的人生體驗，『有伴』是很關鍵的因素。我們辦活動都會讓長輩結伴而行，他們一起闖蕩就能彼此壯膽，好像回到年輕的時候，什麼都不怕！也不會感到孤單！還有我們年輕人當他們的後盾，多好！」

如今，蘇媽媽不但在店裡做菜，也開始賣起限量餐盒，還當起了直播主，在線上教大家怎麼做料理；玉理阿嬤每天都有許多人和她一起鉤鉤針、做編織、設計新產品，忙得不亦樂乎；另一位曾經在高中指導樂團的退休長輩，則在團隊的幫助下組織陶笛課程，應邀在各社區表演。

為機構式照顧帶來更多共生感，Oh Old! 團隊的新發展

盧紀邦和林奕仁除了繼續創業，也應邀在臺南的 YMCA[①] 任職，和機構一起努力，嘗試如何在比較傳統且制式的高齡照顧環境中，為老後生活創造出更多的生活感並突顯長輩自我價值。盧紀邦目前擔任 YMCA 老人服務中心主任，從硬體的改造到軟體的設計，都要參與；林奕仁則持續在 Y Café 照顧咖啡館擔任經理，嘗試把高齡服務用更有生活感的方式融入社區和機構長輩的生活中。

「了解長照機構在做什麼是很重要的！畢竟機構式照顧是臺灣高齡照顧中非常重要的一環，但當我們在談共生社區時，機構似乎是被排除在外的。」盧紀邦說，怎麼讓機構長

---

① 臺南基督教青年會，其所提供的老人服務已在臺南經營二十年。

輩的生活可以更和社區結合，或為什麼要結合？如何結合？社區裡的高齡照顧機構只照顧住在其中的長者嗎？對於沒有住在裡面的社區長輩，甚至民眾，他們可以扮演什麼角色？兩者對話和交流的機制和契機是什麼？我們希望慢慢把它們梳理出來。」

在機構工作的同時，他們還是持續經營「Oh Old! 柑な店」青銀共創概念店，「前者是集體的照顧模式，後者是更加客製化和個人化的實驗點，目前沒有一定要把這兩條線拉在一起。」然而身兼這兩種身分讓他們可以近距離觀察臺灣高齡長者不同的生活樣貌和心理因素，再加上他們的學術背景及創意，如何為未來的老年生活碰撞出更多的火花和可能性，相當令人期待。

共生五力分析	
開放參與	「Oh Old! 柑な店」沒有限制參與的年齡與對象，透過課程、擔任志工或合作夥伴，這家社區小店歡迎任何人以自己可以參與的形式和他們一起共創。
自主價值	從早期在銀同社區讓長者藉由整理環境走出家門，建立社區意識，到建立青銀對話管道，搭建平臺讓社區店家和民眾展開深度對話和共創，到現在把社區工作室轉換為「Oh Old! 柑な店」進行各式各樣小而美的實驗，關照現行政策下無法顧及的人群，都有助提升參與者，尤其是社區裡高齡者的幸福感和價值感。

互助網絡	Oh Old! 團隊從社區蹲「點」開始，以活動串聯店家和居民，開始對話、互動，拉出友誼的「線」，幫助社區裡不同的利害關係人學習如何互助共生，如今社區居民會一起舉辦市集、跨年活動等，鄰里關係變得更緊密友好，形成一個「面」，為居住其中的所有人都提供了更好的生活支持。
多代多元共融	進行跨世代的對話、協作，促成青銀世代共好一直是 Oh Old! 團隊的核心價值，並開設「Oh Old! 柑な店」青銀共創概念店，持續發展和實驗相關的服務。他們最獨特的論述在於不同世代的養成背景和想法本來就不同，所以所謂的了解不在於知道對方在想什麼，或是可以理解到什麼程度，而是以開放的心胸去接受和擁抱這樣的多元帶來的創意和有趣之處，「讓長輩影響長輩，年輕人影響年輕人」，找出共同生活在社區裡可以得到快樂和滿足的最大公約數，一起前進。
永續生活	在臺灣最古老的街區裡，Oh old! 團隊用創新的視角與思維，一方面嘗試保存和傳承原有的歷史脈絡與價值，一方面把動態的居民生命樣貌、生活實況納入，成為永續發展的元素，希望自然有機地轉化出老街區裡的新樣貌，將傳統價值透過創新方式來展現，達成永續目標。

Deborah 的心得

Oh Old! 案例中有幾個部分是我很喜歡的：

一、它算是一個USR和社區合作較為成功的案例

USR（大學社會責任）這幾年在政策的不斷倡議和資源投注下，像地方創生（參見附錄p.321）一樣成為顯學，以往負責USR項目的都是年輕的教職員，帶著學生，每年做幾件與社區相關的服務，聊表心意，被當成吃力不討好的苦差事；但這幾年已經成為學校裡的大事，由高層級的校長或副校長直接擔任負責人，號召不同院所全力投入，這樣的力道用對了地方，的確可以讓學校與社區的合作展現出更大的力量和價值。成大的USR著重在與地方連結和深耕社區，下了很深的工夫，希望可以孕育出相當的成果。

以往大學做USR最容易被批評的弊病就是學校只想要符合自己的KPI（key performance indicators，關鍵績效指標），把社區當成「利用的工具」，學生來了拿到分數和學分就走，既沒有幫到社區也沒有永續性，導致許多社區聽到要和學校合作都會「心裡怕怕」，即使和學校USR合作似乎會帶來某些資源，例如計畫經費和人力，但配合到後來被「整盤拿走」或變成「計畫工具」，也讓很多社區感到不是滋味。

Oh Old! 的例子在這樣的現實環境下算是比較成功的案例，參與的學生團隊對議題和場域有熱情，積極投入，願意用自己的學術能力和居民的實務能力做搭配與交換。學校的計畫也不過於短視近利，願意讓學生花時間進到社區長期蹲點，用資源盤點的方式一方面找出社區真正的需求，一方面與在地居民建立有信任感的合作關係，這樣當學校團隊對未來提供充滿創意、天馬行空的各式想法時才容易被居民接受，或至少有討論空間。

二，團隊可以持續發展而且用不同角色關注同樣議題

Oh Old! 的確是從學校USR長出來的團隊，而核心成員盧紀邦、林奕仁從博士後研究員和計畫助理，以研究為基礎的學術身分走進社區，捲起袖子實作，甚至決定自己創業；然後還有機會進到從事一線高齡服務的組織任職，把自己的創新力帶進機構中，一方面更加了解機構裡的高齡照顧是怎麼回事，一方面持續在自己的創業場域進行實驗。這樣的工作發展非常獨一無二，在臺灣現在的高齡照顧環境中實屬不易。

畢竟臺灣的高齡照顧中很多是機構式的照顧，然而這些機構的負責單位大多忙於服務既定客戶或是滿足現有的政策要求，通常很難有機會在機構內創新或進行新型態服務的設計及實驗，或是尋找與新趨勢和新市場對接的方式，更無暇去思考如何服務未來的高齡客戶；然而在臺灣快速邁向超高齡化時，以上這些卻是長照機構最需要關注和培力的內容。

就像我們期待不同世代在社區裡共創共融，我們也期待較具規模的機構組織和小型新創團隊有機會合作，透過截長補短、借力使力，一方面讓大組織可以有機會創新或用某些資源先進行一些前期的實驗方案；一方面也讓年輕的新創團隊可以把創新力、科技力、社群力、行銷力等帶進機構中，有機會在高齡服務的實戰場域中進行較具前瞻性和實驗性的服務設計。

具有開放精神的組織，提供滿足年輕人多元就業需求的斜槓機會，創造雙贏

除了臺南有成大＋Oh Old!＋YMCA的合作模式，其實在臺灣其他地方也有從USR長出的社區研究計畫變成社區常設服務的案例，南投埔里的「厚熊笑狗咖啡」也可以算是，不過數量還是太少。誠如盧紀邦所說：「一切才剛開始，彼此都還在互相學習調整中。」

此類斜槓的創新就業模式，其實頗符合新時代青年族群職涯發展的趨勢，對他們很有吸引力，肯定會是未來主流。如今越來越多的青年回到地方投入實驗，這是一個絕佳的機會，看機構與新創團隊可以如何合作，在共生社區發展中都扮演關鍵角色。

儘管這樣的合作模式還在實驗過程中，有很多未知，也免不了會有主體性的拉扯，但我衷心希望這個模式可以被珍惜和持續進行，甚至有機會在不同縣市、不同生活條件和不

同居民背景下進行實驗，讓我們從中學習到許多的利弊得失，為臺灣的快速超高齡化現象提供實證經驗與可能解方。

案例
5

基隆暖暖區的防跌互助換工計畫

建立平等社會照顧系統的社區實驗，讓人心暖暖，創造新暖暖

去暖暖採訪的這一天，我是坐火車去的。從臺北坐往宜蘭的區間車，大約四十分鐘左右就會到達暖暖火車站，這個沒有站務員的火車站，還維持著早期臺鐵火車站的樸實面貌，南下和北上的兩個月臺靠搭建在鐵軌上的通道連著。出站前聽到歌聲，上網一查才知道：原來這裡是臺灣第一個擁有「主題曲」的臺鐵車站，二〇〇六年歌手梁靜茹曾經出過一首叫做〈暖暖〉的歌，音樂錄影帶（ＭＶ）就是在暖暖車站拍的，後來區公所取得授權和臺鐵同意，固定在車站播放這首歌。

暖暖隸屬「雨都」基隆的南邊，和新北市接壤。幸運的是，我到的這一天，迎接我的是太陽公公的笑臉，從火車站信步走到暖暖街上，可能因為是週間的關係，人車不

多。我的目的地是位在暖暖街上的「左下角工作室」，看網路資料，旁邊有幾家從早上就開的米粉湯和麵店，聽說都是排隊名店，所以我本來打算早點到先吃個在地小吃，只可惜熱門店家當天沒有開門，讓我有些小小遺憾，畢竟到不同的地方採集故事順便品嘗在地美食，是到處採訪的樂趣之一。

左下角工作室是前基隆市議員王醒之的辦公室，也是推動「防跌互助換工」計畫的單位，這個小規模但非常有原創性的共生社區計畫受到很多人推薦，媒體上也有不少報導，讓我十分好奇，今天總算可以一探究竟了！

原來我家的泡菜這麼受歡迎！防跌互助換工計畫換出各種可能性

「謝謝你們免費幫我裝扶手，也讓我知道原來我從小吃到大的四川泡菜有這麼多人喜愛！

「我三歲的時候，爸爸開飛機載著我和媽媽來到臺灣，我的爸爸很會做菜，從小我就在旁邊跟著看、跟著學，這個泡菜是我們家的經典小菜，每個月都要做上一大罈，沒想到這麼受歡迎！」說話的是七十八歲的葉素真大姐，她在暖暖住了五十多年，有一次半夜起來上廁所卻在家裡跌倒，好一會兒才爬起來，雖然沒有大礙，但防跌互助工班聽聞此事，還是決定到她家裡場勘，並免工資幫忙裝了扶手和整理空間，讓她夜間起身上廁所的動線更安全，她也因此和防跌互助工班的朋友建立了友誼，並應他們之邀以「教大家做四川泡菜」作為換工的內容，在不同的場合和大家分享。她用自製四川泡菜換工，結果大受歡迎，「已經到好幾個社區去分享過！」

「防跌互助工班」始於二〇一六年一個國科會的計畫，由臺北醫學大學負責執行，主要是想了解不同區域社會照顧的樣貌，因此選了三個資源不同的地點：一是北醫所在的臺北市信義區，所謂「天龍國中的天龍區」；二是基隆暖暖，介於都市和鄉村之間的小鎮；三是新竹尖石鄉，原住民居住的山地鄉。

防跌互助工班是在暖暖執行的企劃，最原始的設計是希望活化社區裡的兩個族群：一類是有居家修繕需求的人，通常以長輩為主；一類是有時間或有技能，願意協助施作的人，也許是退休人士，也許是無家者，也有因為接受了修繕服務而決定出來以此作為「換工」的人。

「我們希望透過這個計畫了解社會照顧和文化照顧如何在社區中實踐。」防跌互助工班的發起人王醒之說。「基隆的老舊公寓或透天厝很多，再加上是丘陵地形，上上下下都要走樓梯或爬坡，對老人家來說本來就比較危險，但不只是外部空間危險，大部分長輩最常跌倒的地方其實是家中，所以我們就想結合這個計畫來協助解決長輩在家中跌倒的問題，也提醒大家注意這個狀況。」

然而，長年在社區裡走跳的他，真正想實驗的，其實是社區裡人與人之間的連結與社區整體信任感如何建立，「讓陌生長輩允許我們進入他們的家中幫忙裝扶手或做居家修繕，只是第一步，而且可能是比較簡單的一步，修繕了以後邀請換工，挑戰才真正開始。」

因此裝完扶手後，防跌互助工班成員通常要花很多時間和長輩聊天、搏感情，慢慢幫他們找到那個「工」，像葉素真的四川泡菜就是聊出來的，也因此換出來的「工」非常多元，有住在眷村的長輩去小學講打仗的經驗和眷村的故事；也有阿姨教大家怎麼用吸管剪出一隻蝦子。

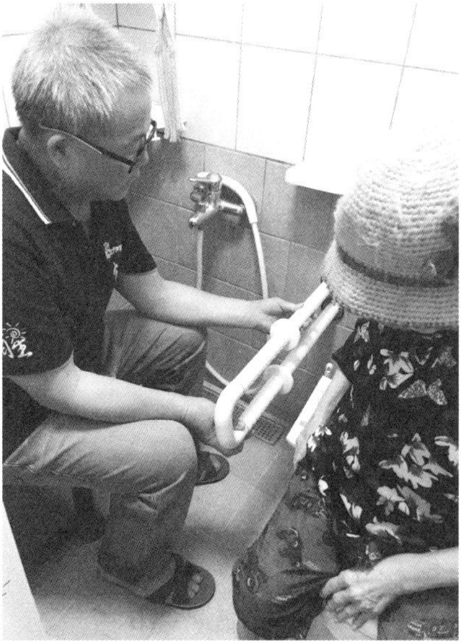
志工去長輩家裝扶手。
（照片來源：左下角工作室授權）

坐在一旁的志工大哥李建富則是因為工班到家裡幫忙裝扶手，預防媽媽跌倒而和工班結識，本來他也不覺得自己有什麼可換的工，是因為換工平臺的工作人員江淑芬發現他客廳裡有很多的詩詞書冊，覺得很有趣，一問之下，才發現原來李大哥的興趣是用臺語吟詩，還跟著地方耆老學習，因此就決定以此為「工」，安排他到暖西國小用臺語吟誦古詩〈登鸛雀樓〉給小朋友聽，「他們聽時閃閃發亮的眼神，我至今忘不了！」李建富開心地說。

李大哥用臺語吟誦古詩〈登鸛雀樓〉給小朋友聽來換工。
（照片來源：左下角工作室授權）

與誰共善？社會融合還是社會排除？操作共生社區時要注意界線在哪裡

王醒之是基隆在地知名政治人物，他多次以無黨籍身分參選，也擔任過基隆市議員。父親是民進黨前祕書長、已故鄉土文學作家王拓。王醒之念大學時正值臺灣解嚴後的上世紀九〇年代，各種社會運動風起雲湧，因此他從大學時就投身參與各種社會運動，加上所學是諮商心理學的助人專業，因此長年為弱勢族群，尤其是勞動階級發聲；他同時更是暖暖居民，多年來積極帶領民眾進行關於環境保育和社區發展的行動與抗爭，例如打造希望森林、倡議手作步道等。

「坦白說，我之前沒有聽過『共生社區』。我是社會運動出身的工作者，所以看待社區是從底層或邊緣出發，因為當你願意從那個角度出發時，所有的事情都會變得比較真實。站在社會邊緣，作為一種檢驗社會對待關係的標準，所有的善以及偽善都會現形。」王醒之說。

長年在社區裡工作的他，接觸各式各樣的議題和族群，對於社區裡的問題看得相當深刻：「我們談共善，但想要共的是誰？有誰是想要共但進不來的？是不被這個集體接受的？因為我是從弱勢者的角度出發，所以我更在意可以如何靠弱勢者彼此之間的互助，而不去依賴或懇求社會或政府給予的資源。

「在社區中想要達到共善是一種難度很大的理想。當政府想要將關懷據點轉型成C級巷弄長照站時，據點裡就開始出現各式各樣的雜音。原來據點裡面的老人會覺得我們是一種（健康的）老人，一旦轉型，會有另一種（較不健康的）老人進來而心生疑慮……我們是以共善為名，想要進行social inclusion（社會融合）……結果反而會變成social exclusion（社會排除）……這是一把雙面刃。拉出界線就會有內外、有分別，過程中就會有人被排除，有些真正需要照顧的人可能就反而會因此被排除……。

「所以，共善是一種理想，而且它必須是一個動態的過程，我們必須不斷地檢核自己在過程中有沒有形成一種屏障讓需要者反而被排除。」他提到，例如社區裡面有些無家者，是無論如何都進不來的，不是他們想不想的問題，而是關懷據點自然形成的氛圍就讓他們進不去，不管關懷據點怎麼轉型或重新設計都很難，「但這畢竟影響的人比較少，所以得到的關注和報導也比較少。」

回到共生社區，王醒之從居住的角度來看待這個議題，「最重要的就是跟誰共？在住宅政策中，不同類別和需求的人或許可以住在一個社區中，但用什麼機制來相互照顧？像搓麵團一樣，需要不斷地練習和拿捏。我們希望不同類別、不同需求的人可以住在一個社區中，彼此相互幫忙。但社區中有形形色色的人，例如有單身男性的無家者、女性身障者、帶著兩個小孩的單親媽媽、一對中產階級年輕上班族夫妻……這麼多元的背景，不太可能只從解決需求的角度來處理，還要想相互之間的關係如何搭建。這不是在公共空間裡放個共享客廳或廚房就可以解決，必須搭配可以創建關係的方案，而且是讓人可以實踐的。那這個機制是什麼？真的很值得大家來討論。」

這充分解釋了他推動「防跌互助換工」背後的思維。「到家戶中安裝扶手的非營利組織和單位非常多，所以只做這塊不是我們的初衷，後面的換工才是真正的精華。我們有沒有機會透過這樣的換工機制去建立起社區裡面人與人之間的關係？唯有真正形成了一個看不到但存在的社區互助網絡，不排除任何人的 social inclusion 才有機會達到。」

弱弱相扶，打造平等的社會照顧系統

怎麼會想到用換工的方式來嘗試建立社區裡「平等的社會照顧系統」，則來自王醒之多年組織工運和扶助弱勢的深刻體驗。

一、是弱勢者互相串聯。「早年從事工運時，我們發展出『鬥陣網』②的組織結盟約定，就是當某一家工會發生勞資爭議時，其他幾家工會都會一起去聲援抗議；勞工運動最重要的就是透過群眾規模來造成社會輿論壓力，甚至是政治壓力，讓政策有所轉變，最終改變勞工的處境。」

二、是弱勢者互相幫助。他提到二十多年前現金卡大行其道時，很多卡奴其實都是弱勢族群，「沒有錢的人因為生活所需才會借錢周轉，結果因為高循環利率的關係下場更慘。」當年他是基隆失業勞工保護協會理事，分享了計程車司機余先生的故事。「余先生患僵直性脊椎炎，靠開計程車養家，娶了外籍配偶，生下一個女兒，後來太太取得身分後

② 鬥陣網是臺北市產業總工會於二〇〇一年左右設計出來的勞工組織互助機制。鬥陣兩字取自於工人運動之「工人鬥陣車拚相挺」的口號。彼時臺北市產業總工會有六十家會員工會，經常發生不同性質或規模之勞資爭議。鬥陣網以「一家有事家家相挺」的方式運作，當友會發生勞資爭議時，鬥陣網中其他工會就會進行不同規模的動員來聲援。

不知去向，剩下他獨力養育六歲的女兒。他本來就欠了一大堆卡債，為了討生活只好再跟車行借錢，車行的利率也是高得嚇人。他每天開十二到十四小時的車，連上廁所的時間都沒有，但辛苦賺來的錢還給車行後就所剩無幾，連付給保母的錢都沒有。」

從這個個案中他們發現：真要幫助余先生，必須幫助他重建生活秩序，所以要先幫他把一大塊債務還掉，否則光是循環利息就讓他喘不過氣來，「他被壓得都快要去燒炭了！當時我們算一算他的債務大概是新臺幣二十五萬元，得先幫他還掉。這筆錢怎麼來？不是去募捐也不是從你我的口袋中拿出來，而是找了五十個夥伴來幫忙，每個人出五千元。這五十位夥伴的經濟條件未必非常寬裕，但他們可能就是比這個個案多了五千元的周轉能力和餘裕。這筆錢免擔保無利息，讓接受幫助的個案可以按照自己的步伐慢慢地、小額地還，只要他承諾在還清之後成為第五十一個人，讓這個善的循環繼續下去。」

這個故事有個激勵人心的結局，余先生最終不但清償了債務，成為第五十一個借款人，甚至還捐了一萬元給這個方案，「而這個計畫這麼多年來幫助過許多個案，賣雞肉的、流通攤商、中高齡清潔人員、大樓保全……沒有一個人跑掉！一個都沒有！」

這讓王醒之相信，善的力量非常之大，也激發起他想用防跌換工來創造社區裡善的循環，真正打造出那個不求人，尤其是不求政府的互助網絡。「但其實推動起來並不容易，例如我們去一個九十三歲的爺爺家中裝扶手，他很感謝我們，但在工作結束後，我們提出換工的想法時，馬上被他一口回絕！」王醒之說，這其實很可以理解，「長輩通常都不覺得自己有什麼可以貢獻的，或是覺得我都這個年紀了，你還要我做什麼？這也反映了我們社會對於高齡者的看法，因為他們沒有經濟貢獻，就覺得他們的時間沒有價值，到後來，連他們也這樣看待自己。」他還說任何新方案初期推展不順利都很正常，「這真實反映了社區裡的關係，因此搭建起有溫度的無形網絡就更要努力。」

這些年來社區因為換工發展出不少暖心故事：接受幫助的奶奶從沒有東西可以換，到教大家怎麼用一根吸管剪出一支蝦子為「工」，換得家住眷村的奶奶去國小社會課講眷村故事，再換來十九個小學生在校長帶領下到眷村海光一村打掃巷弄，還敲鑼打鼓拉紅布條，讓超高齡化的眷村意外熱鬧起來；接下來接受服務的眷村，由社區發展協會理事長帶著村裡的婆婆媽媽到隔壁的新社區教大家做眷村美食，讓兩個原本沒有太多交集的鄰居，意外有了接觸與認識……。[1]

「我們也不想只是流於慈善，把到家裝扶手當成一個慈善工作，做完關係就結束了，但長輩的自我價值並沒有因此提升。必須透過發展社會整體的關係去重新協助他找到自我價值，所以我們要取得對方信任，願意將身上的一個工給你，並相信你會善待它，就是把『工』換出來之後，要讓別的人思考並認同其價值，這才是換工最難的地方。」

這個困難同時也是這個計畫最有意思的地方，「因為我們換到各種不同的『工』，不斷有新東西放到換工平臺上，透過不同的創意組合，就有機會長出新東西。」他強調雖然從二〇一六年就開始推動防跌互助換工計畫，甚至在國科會計畫結束後他們還持續在社區裡推動，「我們並不急著把它模組化或定義它是成功還是失敗，還有很多新的可能性，我們持續在實驗中。」

社會照顧奠基於信任感，彼此信任善意才能發揮

二〇二四年他們開始嘗試一個新的方向——發展社區的「公工」。「過去的『工』以共學型為主，教太極拳、手工藝，我們需要找人來學，讓換工可以持續；所以我們想另外試試共做型的換工。因為基隆多雨潮溼，山坡地又多，很多土地屬於國有財產署，遍布在基隆市每一個里，因此幾乎每個里都有公有土地除草的需求，這個工作只能外包，但里辦公室又沒有錢，所以我們就想：可不可以把換來的零碎的工，統整成一個社區除草隊，去幫里長除草，三人一組除完草之後，就可以問里長他們可以換什麼工給我們？」

他強調，「換工」是一種social care（社會照顧）。社會照顧的特色有二：一是無論透過什麼方案和機制，建立起人與人之間有溫度、正向且對等的關係。二是社會照顧奠基於社區裡的多元性和獨特文化，因此每一個地方都需要依照特性和文化，發展出它獨特的照

顧方式。

他說曾經在換工過程中實驗過「微照顧系統」：一個阿姨接受服務後，換的工是請她帶住在同一個社區裡但患有糖尿病、不良於行的長輩到樓下的中庭晒太陽，「並沒有很成功，為什麼？因為如果過程中跌倒了，是誰的責任？家屬會諒解嗎？除非彼此的關係厚度夠，那就算長輩摔倒了，身上多了一個傷口，家屬也會相信對方不是故意的。」

王醒之說人與人之間如果沒有信任關係，那這些善意都很難發揮。曾經有社區發展協會辦活動帶長輩出去旅遊，本來是好意，結果長輩在過程中摔倒，後來不治身亡，孩子不能接受，就告了社區發展協會理事長，「沒有信任關係作為基礎，辦這種活動都是風險，誰還敢辦呢?!」

他直言，這些最難的部分其實很難用ＫＰＩ或其他檢核指標呈現出來。同時負責單位通常都只是想要趕快找到一個「成功模式」，然後套用到不同的地方去，「我們了解政策的需求和考量，他們總是想要有標準化和量化的模式，但這種做法可能會製造新的問題，甚至會扼殺掉社區中本來有的新的實驗機會。

「我們在推動這些計畫的過程中，的確會需要政府的經費補助來支持，但也會時刻注意和政府的概念保持距離，不能被政府所要求的ＫＰＩ帶著走，必須從社區自己的角度來工作。因為讓一般民眾參與進來很困難，所以要從各種不同方面來入手，讓大家知道我們在社區裡推動各種不同的工作，同步進行，才有機會累積社會信任，願意用自己的時間來交換。」

建議社區裡設置新角色——萬事通（Navigator）

長年在社區從事一線服務，再加上組織社會運動的經驗豐富，就算從來沒有聽過共生社區，王醒之卻對共生社區如何建置與規劃，提出了具體的建議。

「上面講的這些社會照顧的內容，本來是里長應該要做的事情，但在臺灣的選舉文化中，里長因為有選票上的考量，並不是每一個里長都能扮演這個角色，所以我們就想，如何在社會福利工作這件事情上創新？例如在社區營造的潮流中，發展出一種新的社區角色，讓每個社區中都有像我們（左下角工作室）這樣的角色——社區裡的navigator（按：可以翻成導航者或串聯者，王醒之將其稱為『萬事通』），這個萬事通知道資源在哪裡，知道怎麼組織這些資源，知道社區裡不同組織和單位各自的資源是什麼，更知道怎麼把這些東西揉在一起，不斷地往前滾動……每五千人或一萬人就有這樣的一個工作者（角色），不必然是里長。」

王醒之口中的navigator（萬事通），很有穿針引線的味道。這樣的人未必需要什麼社工背景或學術專業，「最重要的是認識社區，古道熱腸，可以是在地早餐店的老闆或美容院老闆娘，只要提供有效的培訓，搭配他們對社區的了解和熱情，同時還有輔導員協助，就有機會運作出社區共生大概的樣貌。」他說這其實也不是什麼原創的想法，過去二十年從文建會到文化部在地方上推動的社區營造師，或是內政部營建署推動的社區規劃師，都是類似的概念。前者從文化層面著手，著重人的改造，驅動了許多社區開始進行在地田野及文史調查；後者則著重在公共空間的重新建置與改造。此外社區裡隸屬教育部的社區大學系統，也是可以一起搭配運用的資源。

他還提到另一個角色也很適合，就是早期各地衛生所裡的公衛護士，「他們的角色就是在社區裡跑動、串聯，協助大家進行疾病防治和健康照顧，但臺灣長期重醫療、輕預防，再加上健保當道，人民習慣以看病吃藥來解決自身的健康問題，更讓這個角色慢慢式微，在許多地方甚至變成一個坐在辦公室蒐集資料統整表格的文書人員，根本沒有時間去社區裡做組織的工作，因此社會照顧系統一直沒有長出來。基隆市的衛生所幾年前本來都在談裁併了，因新冠疫情的關係，讓大家看到衛生所和社區預防的重要，這件事情才沒有再提。」

擅長組織工作的他，馬上動起腦筋來，還說其實掌管社區照顧關懷據點的社家署可以先透過小的專案來試試看，這樣的人力應該如何在社區裡建置和產生作用，可以透過關懷據點來做，重點是要有明確的目標，而不是變成現有執行單位的補充性人力，「搭配一個五年的計畫，先選幾個點來進行培訓，這樣就有機會找到想做事的里長、街區裡的藥房老闆、有興趣的退休人士、一般市民、公衛系畢業的年輕人等等。一旦證明這個角色在社區裡擔任社會照顧的組織者是有效果的，就可以考慮擴大，變成固定的人事編制，更大幅度地推展。」

共生五力分析	
開放參與	防跌互助換工計畫的起心動念來自於社區裡的雙老現況——老人和老公寓，再加上基隆多雨潮溼的氣候，跌倒是一個和許多居民健康息息相關的議題，因此以協助設置防跌扶手作為計畫的起點。防跌互助換工意在建立一個平等的社會照顧系統，透過「一個扶手」創造「新暖暖」的互助關係，任何有需要的人都可以申請這項服務或擔任志工，以不同的方式參與。
自主價值	換工服務不限長輩，但在進行中會遇到許多長輩，雖然一開始換工的建議通常會被長輩拒絕，但就算一開始拒絕，換工的邀請的確會讓許多長輩開始思考自我價值，認識這個觀念後採取行動。不論是剪吸管藝術、做四川泡菜、講眷村故事、念一段臺語詩詞，或和學生互動按摩……都可以激發長輩發展自我價值，也喚醒周遭的人對長輩價值的認識與肯定。

互助網絡	建立非制式的無形互助網絡是防跌互助換工計畫最重要的目的，希望透過換工的方式建立社區裡的互信，從而達到自助互助的目的。
多代多元共融	當社區的擾動開始以後，不同世代的交流也開始發生，有長輩的成年兒女也成為防跌互助換工計畫志工；或是促成長輩到小學分享和孩童互動，促進跨代共融。
永續生活	以換工思維，鼓勵參與者從自身可以付出的技藝或能力開始，不以金錢作為誘因，而是希望建立永續的善循環。不過在形成整個社會可以接受的行為引導和認知前，還是需要中介組織的協調、協助與倡議才易持續。

Deborah 的心得

看到暖暖推動的防跌互助換工計畫，讓我想到一句英文詞語 pay it forward，兩者有異曲同工之妙，都是在講有時候我們接受善意不一定是直接回饋到對方身上，而是將自己接受到的這份善意，當自己能力所及時，再轉傳出去，無論這個方式看似多麼渺小或微不足道。這種類似蝴蝶效應的小善循環，會在宇宙間形成一股大的善力，有時力道之大超乎想像。

日本佛子園組建共生社區，強調 social inclusion，重點就是讓每個人都有角色，不分大小，盡己力而為之，暖暖的換工也是這種思維。在尋求換「工」的過程中，鼓勵每一個人思考自己還能做什麼、貢獻什麼，這個貢獻不限於社會或經濟的傳統定義，而是出於你個人的意願。

光是問這個問題讓長輩開始思考自己還可以做什麼，就是一件十分重要的事。我們的社會長期把人的價值和金錢或經濟貢獻建立對價關係，長者或許多弱勢族群長期被認為是接受幫助的對象，因此沒有自我的聲音，在這種刻板印象下，要他們如何建立自我意識，並願意進行自主健康管理、追尋更高層次的自我實現？

社區裡有形形色色的人，有些對社區非常了解也很擅長組織工作，不一定要隸屬任何政府部門系統才能是推動共生社區的人，像王醒之，他雖然從來沒有聽過共生社區，但他多年來在暖暖推動的各項工作，每一個都在體現共生社區的精神。他也從一個旁觀者的角度，對於以健康為導向的共生社區能夠如何組織提出有建設性的意見，讓我更深信：每一個人都可以是打造共生社區不可或缺的好夥伴，就看我們怎麼串聯和一起協作。

案例 6

花蓮牛犁社區交流協會
打造宜居新故鄉

**減輕育兒壓力，創造多元收入，
化劣勢為優勢的共生之道**

我和楊富民約在花蓮縣壽豐鄉豐田地區的大同戲院碰面，楊富民是花蓮牛犁社區交流協會（以下簡稱牛犁協會）的青年工作人員，負責文化和社區營造業務。大同戲院位在豐田主要大路中興街上，牛犁協會辦公室的斜對面。但像我是第一次來這裡，如果不仔細看，根本找不到戲院的入口，因為這家已經停業的戲院門口，前面早被老闆隔成三間店鋪出租，所以如果正對著戲院門面看，只會看到劉記豐田碗粿、豬肉攤和蔬菜攤，唯有抬頭往上看，才會看到生鏽的鷹架上斑駁的廢棄看板和一幅新加上的彩色塗鴉，讓人隱約可以辨識出這裡原來的戲院風華。

不過，一旦你從戲院旁的豐山街走進去，你就會看到一個全新風貌的大同戲院，一個串聯各種資源、集結社區力量、重新打造出來的藝文交流生活空間，裡面有咖啡廳、親子互動空間、在地商品展售空間兼文具店，還有一個偌大的複合式空間，隨時都會舉辦各種活動，人群也會在此討論工作或優閒聚集、閒話家常。

我走進開在戲院裡的伴多咖啡，點了一杯手沖咖啡，空氣中瀰漫著現烤司康的香味，實在太香了，忍不住點了一個。咖啡廳吧檯旁放了一個嬰兒推車，小嬰兒則是讓牛犁協會的執行祕書游雅帆抱在懷裡，我開玩笑說：「妳還幫人家帶孩子啊?!」她回說：「這是我外孫啊！」原來咖啡廳老闆娘楊雯安是她的小女兒，每天帶著孩子來一邊顧店、一邊工作。

此時大家正為了隔天市集要上演的行動劇而忙碌著，主演者阿美族長輩鄭阿玉（Panay）、牛犁協會的工作人員，以及許多在地夥伴們，正如火如荼地進行彩排和準備工作……剛好楊富民走進來，游雅帆和他打了招呼後就抱著小嬰兒走進旁邊的親子互動空

花蓮壽豐鄉的大同戲院。

間，我和楊富民則找了靠窗的座位坐下來。

接下來就讓我們隨著楊富民的視角，一起看看花蓮豐田如何成為年輕人樂於返鄉、中年人樂於參與、老年人自在樂活的共生社區。

從家裡長出來的社區組織：楊富民的成長故事就是牛犁協會的發展故事

楊富民說他很小的時候，軍職退伍的爸爸帶著媽媽和四個孩子，從高雄搬到花蓮豐田。當時孩子都還小，為了一邊照顧孩子，一邊賺取生活所需，他們在豐田大街上租了個店面開了早餐店，後來早餐店改成洗衣房，專門幫當時鄰近彈藥庫的軍隊，以及二〇二一年宣布關閉的臺灣觀光學院（舊名精鍾商專）的學生洗衣服，一家人就住在洗衣店後面，直到現在，洗衣店已經成了牛犁協會的辦公室，楊富民的爸爸媽媽還是住在那裡。

楊富民的爸爸是牛犁協會總幹事楊鈞弼，媽媽是執行祕書游雅帆。印象中儘管家裡有生意要做，但爸爸媽媽總是在村子裡忙來忙去，電話講個不停。背著還在襁褓中的妹妹，媽媽晨起在早餐店忙進忙出，下午就帶著他到哥哥姊姊的學校當說故事志工，這是游雅帆接觸社區工作的開始，也可以說是牛犁協會的濫觴。

游雅帆在參與學校的志工服務中認識了其他兩個對於孩子教育有共同理念的媽媽，決定拉著另一半一起來擔任學校和社區志工，後來又加上另一對夫婦，四個家庭決定互相幫忙、以共助共享共育的方式在社區裡生活、養育下一代，他們成立了牛犁協會的前身牛犁工作室，那一年，楊富民三歲。

過了幾年，工作室正式登記成為牛犁社區交流協會，開始參與社區事務，內容又多又雜，因此楊家四個兄弟姊妹從小就跟著爸爸媽媽在村裡東奔西跑，有時候是到花蓮溪畔去整理環境，有時候是和大人一起去抗爭砂石車，有時候家裡會忽然來幾個一起吃飯的人，有時候媽媽叫他放學回家的路上送點東西去給隔壁獨居的阿嬤……協會的工作就是他們生活的日常。

「即使到現在，我們兄弟姊妹都已經不住在老家了，但爸爸媽媽還是住在協會辦公室的後面，前面白天是辦公室，晚上就是他們吃飯睡覺生活的地方。每個星期兩天，我們把辦公室的桌子排一排，就是家族聚餐的地點。社區真的就像家一樣，生活就是工作，工作也是生活，完全融為一體。」

這樣的成長氛圍和生活方式深深影響了他。

牛犁社區交流協會簡史

花蓮並沒有牛犁社區，牛犁社區交流協會其實位在壽豐鄉的豐田社區，只是因為協會當初的名字為「牛犁」與「社區交流協會」，所以常被大家誤稱為「牛犁社區」。牛犁是協會的精神寓意與象徵，如網站上所寫：「牛若肯作，毋驚冇田倘好犁」，充分表達了牛犁協會非常在地的創始精神。在花東地區做社區工作的人，幾乎沒有人不知道牛犁社區交流協會。即將在二〇二五年歡慶三十週年的牛犁協會，獲獎無數，堪稱花東地區最有行動力和影響力的在地組織。

多年來協會從三個願景：「幼有所養、壯有所用、老有所終」發展出三項核心業務：青少年關懷與教育、創造在地就業機會、建構老人服務機制。理念簡單，做事務實，從不說空話，協會在意的是對社區長期有沒有助益，不強調發展，更重視交流。

由豐山、豐裡和豐坪三村構成的豐田社區，早年為日本移民村，日本戰敗離臺後，鄰近的漢人、原住民便搬進過去日本人住的村莊裡，成為現今豐田最大的族群；區域內還保存著一些日本時期的神社、民宅和農舍，如今成為社區的文化遺產，包括碧蓮寺、五味屋和豐田文史館等。當地曾歷經過豐田玉和無子西瓜的興衰起落，是一個人文歷史相當豐富的地方。

但楊家搬到豐田時，豐田已經過了盛產豐田玉的風光時期，就像其他鄉村社區一樣，沒有工作機會、交通不便的豐田剩下的多是老人、像游雅帆一樣身兼多職的婦女，以及很多單親家庭和隔代教養的孩子。

游雅帆回憶道：會開始做社區工作其實是為了陪伴孩子成長，所以到學校去擔任志工媽媽。不過一旦走進社區，就開始看到各式各樣的問題與需求，「再加上我本來就是一個腦筋動得很快，也有點雞婆的人，所以就想要做點什麼來解決它。」

從做中學培力青少年，讓他們對家鄉產生認同——豐田五味屋

協會成立的目的就是從關懷和培力青少年開始，也就是從教育下手，但要用什麼的教育思維和方法才能真正幫到這些孩子？

「過去因為交通不便、國家高度以經濟為追求，發展都市化，住在鄉村地區的人成了二等公民，甚至是弱勢族群，被標籤化地非常嚴重。」游雅帆說。所以連父母都希望孩子長大以後離開老家到外面去求學工作，鄉村地區變得越來越空虛，人口老化、隔代教養嚴重，「而這些孩子到了城市裡，很多只能做著勉強餬口的工作，住在城市的邊緣，為了生存，過著毫無自尊與樂趣的生活。所以我們要建立孩子對家鄉的認同，勢必要找出一套和

傳統教育不一樣的道路。讓他們從做中學，把劣勢變成自己獨一無二的亮點。」

「五味屋」就在這樣的思維下誕生。

幾乎每個到豐田參訪的人都會到五味屋走走，這個位在豐田車站旁邊的日式建築，是協會利用廢置的老宅，讓孩子來經營的二手商店。五味屋的網站上寫著：

「是個充滿關係，不是塞滿東西的二手鋪子。在這裡，來自各方的志工，陪著一群偏鄉孩子，工作、生活與學習……牽起偏鄉孩子的手，讓他們在世界中找到自己的位子；期許讓五味屋成為孩子們生活成長的所在；五味屋的大人和孩子，是彼此的學習者、陪伴者與支持者；建構社區生態協力網，讓社區、家庭、學校相互協助。」

從一棟破敗、沒有人煙、堆滿雜物的地方，到成為偏鄉孩子培力的典範，東華大學顧瑜君老師在《五味屋的生活練習曲》這本書中詳細記載了五味屋從二〇〇八年開始的歷程：

五味屋不專注於自己「沒有」什麼，反而思考：

我們「有」什麼？這個「有」可以如何幫助我們？

他人眼中不起眼的資源，在每一次的互動中，被賦予了珍貴而獨特的價值。

在五味屋，很多事情是因為「沒有」，才有機會「擁有」。

——《五味屋的生活練習曲》／親子天下出版／二〇一八

這樣的思維讓這個從零開始的地方，一開始的著眼點就與眾不同。零資金，那就靠自己的人力一點一滴地改造；沒有書架，那就把回收的紙箱變成置物櫃；沒有商品，那就把大家捐出來的二手物品當成商品；沒有工作人員，那就讓孩子們自己來當……自此，殘破的老屋成了最佳的學習之地，還在五味屋的周邊發展出小小的系統：「見性工坊」位於五味屋後面，放著八個貨櫃屋，是做木工、修繕單車、小型活動或是大型特賣會的重要場地；「瘋衣舍」專賣二手衣物；「築夢踏食」賣的是地方媽媽用在地食材做

豐田車站旁的日式老宅，是與孩子們一同從無到有打造的二手商店「五味屋」。

的美味蔥油餅；「夢想館」讓大孩子們可以每天一起煮晚餐、寫功課、學才藝；「豐田の冊所」是花蓮中南部唯一的獨立書店，還有「外婆的家」、「豐田行館」兩間民宿。

五味屋從一間老宅到一個平臺，透過孩子的參與和自主學習，建立他們對家鄉和自己所處環境的認同感，與其接受別人貼的標籤，不如嘗試找出自己的價值，把「匱乏」、「不足」這些差異變成自己獨特之處，甚至是亮點。

五味屋歷程代表牛犁協會的共生思維——沒資源，就自己打造

如今走在豐田大街上，好幾個空間都是由協會負責營運，包括：失智日照中心、社區關懷據點、共餐廚房和協會放置各種作品的陳列空間以及二樓的倉庫。游雅帆驕傲地說，沒有講師，他們就自己訓練，所以每個工作人員都可以當授課講師，不分男女老少、新住民姐妹、退休志工，還是剛加入團隊的年輕人；給長輩上課的教材也是他們獨創出來的，甚至還成為教育部指定教案，不但協助其他許多樂齡學習中心，也為協會帶來穩定的財源。

「長者的生活經驗可不可以成為地方知識？因為這樣，所以我們發展教案，讓他們透過畫圖、拼貼畫布，訴說自己的生命故事。」例如「一起憶起——生命中植有你」這個教案，從畫自己的五根手指頭開始，素材是大自然裡的花草樹葉和廢棄的布料，每一根手指

代表著不同的意義，從家人、自己的身體健康、夢想等等都可以慢慢訴說。這套教材讓協會「名利雙收」，他們不但成為臺灣高齡學習的標竿，許多單位紛紛採用這套教材；他們也負責培力講師，協會因此成為一個事業體，每年因此得到近千萬收入，還應邀到日本和歐美國家去分享，讓世界各國看到臺灣的社區營造成果，做足了國民外交。

他們也把長輩的生命故事當作「在地生活指南」來保存，由青年團隊採訪在地兩百多位長輩，梳理他們的生命故事後，轉換成小故事說給當地的小學生聽，甚至還有小考試、作文題目等，真正做到代間的傳承，也強化孩子們和家鄉的連結。

游雅帆舉另一個例子來說明培育在地人才的重要，「舉凡社區裡的許多空間和硬體

更多教案成果可見
數位典藏網站：
https://www.tttelderart.com/

用廢布、花草樹葉拼貼自己的生命故事。

施作，我們都盡量找在地工班和年輕團隊，其實這樣做的成本高，做錯還要重來，但如果不這樣做就沒有辦法培養在地人才，二代沒有機會。盡量讓不同背景的年輕人一起做，那些不適合傳統教育體系的孩子，才是留在家鄉最重要的助手，我們把八十%的資源放在他們的身上，讓他們留在家鄉，有工作，可以成家立業，還成為社區裡的中堅力量。」

協會的努力沒有白費，這些孩子成了社區營造重要的生力軍，聽到長輩說：「好久沒有熱熱鬧鬧地過年了！」他們決定發起全村一起吃年夜飯的行動，有人去拜託婆婆媽媽們一人出一道菜，然後利用集體採購、集體運送來降低成本；想要放煙火但沒有錢買，就想到用已經失傳的竹炮來取代，為了取得竹子一群孩子整個夏天跑遍山區，終於找到了，再費盡千辛萬苦把竹子搬回來，還找到地方耆老教大家怎麼做竹炮。「那時真的很辛苦！累得都忍不住想罵髒話了！」楊富民說，但眼神中閃閃發光，透露出些許驕傲，當時村裡頭每個地方都有他們的足跡，而這些流血流汗的過程，把大家凝聚在一起，建立了對家鄉的認同和歸屬感。

「所以我們回鄉的年輕人是一群，不是一個。一定要這樣，年輕人才會留下來！」楊富民說他是少數幾乎沒有離開過家鄉的人，「我考大學那一年出去面試了一輪，雖然有點心動想要出去冒險，但因為家鄉的拉力太強，最後還是決定留在花蓮念東華大學，當兵的時候也是在花蓮當替代役。」退伍後他到協會上班，剛開始幾年的確覺得形單影隻，但這幾年有更多的年輕人回來，「現在協會的二十四個專職人員中有十八個是年輕人，好幾個是村裡一起長大的夥伴，也有來駐村的人，大家不只是上班時的同事，下了班可能是室友或鄰居，會一起烤肉、聚會，有了伴，生活就一點也不無聊！」

不想要建立觀光小鎮，而是打造宜居之地

獨特的養成教育和對家鄉深深的認同感，楊富民和一般返鄉青年的思維非常不同，身為「社二代」，他還不懂事的時候就跟著爸爸媽媽去從事各式各樣的社區工作，社區就是他們的家，社區的事就是家裡的事，全家人都很自動地參與。

如今他自己在協會擔任中堅幹部，父母的影響和他自己的觀察與思考，讓他很早就看透，很多地方創生計畫強調產業，但規模（scale）有限，其實並不一定能幫助到地方，「不是創造一個產業就有人會移居到這裡。我們怎麼做都不可能變成新竹科學園區。雖然創造更多的工作機會有可能吸引人來，但又有多少人真的想留下來或在這裡生活？花蓮有些大的觀光飯店也是會吸引人來工作，但有哪個畢業生會說我大學畢業要到花蓮的飯店工作一輩子?!

「不是說飯店工作有什麼不好，但我想強調的是我們這個世代，關於工作和生活的想

像已經改變。我想要做的就是幫助像我們這樣的『中間世代』。他們要照顧老的和小的，也要活出自己的人生，我們要怎麼做才能建立體系來支持他們，釋放他們的壓力，讓他們在這樣的生活狀態中長出自己的模樣。有了好的支持體系，中間世代的力量自然而然就會長出來。」

因此他總是想著：怎麼讓別人也像他一樣想要住在這裡？就像當年爸媽舉家從西部搬遷過來，想的是如何在此安居樂業。因此與其打造觀光小鎮，他更希望能夠將豐田打造成一個因為宜居而吸引更多人移居來此的幸福之地，「也許我們只有三千人，但在城市中一個人做不到的事情，在這裡我們可以一起實踐和改變。」

但他也知道這不能靠一己之力，藉助政府大力推動地方創生的政策，二〇二一年牛犁協會聯合其他三個在地組織：花蓮縣壽農社區發展協會、山東野表演坊和阿改玩生活，成立了「山下線」，服務由北至南包含壽豐鄉的壽豐村、大豐田地區五村落（豐山、豐裡、豐坪、樹湖、溪口村），並跨至萬榮鄉的西林村（支亞干部落），共計七個村落，這個區塊位在花蓮縣中部地區，是進入花東縱谷的第一站，到花蓮市約二十公里。

別人是到地方蹲點，楊富民是一直住在「家裡」，但他時刻提醒自己要用不同的視角去看見並重新思考，因此他對很多政策推動落地時會發生的問題都有極細膩的觀察。他指出，近幾年花蓮大力發展觀光旅遊，導致區域內的發展更像是為外來者進行服務，例如：

遊客租得到單車，但是社區裡的孩子們單車壞掉卻找不到單車行維修；或者遊客們可以在景點區買得到簡餐與咖啡，但是社區裡的小吃店卻不斷減少，逢週一許多店家休息時，村裡更只剩下超商可以購買午、晚餐。最驚人的是，過去十二年，這個區域內的旅宿業者大幅增加了二三〇%。

「這些給了我們很大的警示：山下線必須重新正視當地居民的真實需求。因此，如何透過社區營造、地方創生等思維與方法，完善區域內的居住功能，發展『宜居』是此刻我們最重要的目標。要建立宜居環境，最重要的是建置地方支持系統。」[2]

什麼叫做地方支持系統？簡單說就是提供居民服務比提供旅客服務更為重要，因此他們花了很多工夫盤點整理區域內的生活數據，再透過支持系統減輕住在這裡的人的生活負擔，並建立完善經濟循環的模式，以求永續經營。盤點內容包括：各級學校人數現況、交通運輸的現況、加油站、單車行、診所、文具店、雜貨店、超商、賣場、餐廳、早餐店、旅宿業者、度假村等資料。

楊富民提醒：城市和鄉村的差異在世代之間已經產生變化，過去工業社會時代，去到都市能夠改變一個人的階級與生活；但是現代去到都市反而變成定型化一個人的未來，導致越來越多青年來到農村探索自己未知的可能。

這是近年來花東地區有大量移居和返鄉人潮的原因之一——城鄉的想像已經開始不同

甚至翻轉，疫情期間因為科技工具的導入而帶來移地工作之可能、青年世代對於工作與生活平衡的訴求、健康財務無虞追求第三人生的熟齡人群的快速增加……這些都讓城鄉發展重新翻轉的想像變得益發真實而迫切。

活化大同戲院，展現新型態共生社區的樣貌

然而，也是在這樣快速發展的過程中，讓楊富民他們更體認到，要好好去處理居民所面臨的挑戰——產業問題、育兒壓力和多元收入等。從山下線整理大同戲院的做法可以看出，他們已經不同於以往社區營造的做法與格局，完全走出一個新型態共生社區的樣貌。

大同戲院透過與文化部地方創生環境營造補助計畫合作進行翻修，但在設計空間場域時，不是做成以吸引觀光客為主的文創或地方產業園區，而完全以當地人的需求為依歸。這個場域被設計成藝文展售空間，內含親子互動區、產品展售區（包含文具產品）、媽媽廚房，未來還將提供孩童的藝文教育服務、藝文展演服務、在地產品銷售等。目的在建立區域內的公共意識、藝文社群，並協助青年們照顧孩童，集合藝文團隊、村落居民共同撫養孩童。

除了建立服務當地居民的場域，山下線還打造產業支持平臺，協助地方產品建立共同

的品牌，以「打群架」的方式行銷，透過文案寫作、商品重新定位、設計包裝，以及拍攝影片來提升形象。只有提升需求端，才有機會要求生產端配合製造出更友善環境和社會價值的產品。

又如現在地方很流行發展小旅行，但其實地方上發展深度遊程要處理的議題和對象非常龐雜，又落在不同部會的管轄下，要做得深入很困難。山下線也致力開發文化旅遊，幫助青年培養多元收入，例如發展七腳川阿美族文化遊程、支亞干太魯閣文化遊程等，發展中也遇到難以整合或負責單位太多、面對的議題太大等挑戰，但他們透過串聯不同單位進行重新設計或共同營造，致力培育在地的觀光文化產業。

建立產業整合平臺、減輕育兒壓力負擔，使區域內的居民擁有多元收入的能力；山下線團隊透過跨村落的青年減壓支持系統，意使山下線區域成為一個適居（宜居）的社會。這個社會不僅支持產業發展、個體發展的多元性，而且也是個體展現自我的所在。

「我們在山下線，願意支持每一個來到這裡的人，願意讓每個不敢實現的夢想發生，也期待讓每個感到困厄的人，尋找到生活的新氣息。」山下線的網站這麼寫道，集結了部落的青創公司、人民社團、村落發展協會，以及地方的藝文團隊，期望打造這個區域成為宜居且促使移居之地。

英文俗諺說：It takes a village to raise a kid.（靠全村的力量養育一個小孩），這就是山下線的信念，同樣地，大家也可以一起照顧長者、一起賺錢、一起改善家庭經濟、一起活出幸福人生。

在不同世代的共同努力下，即將邁入而立之年的牛犁協會持續以嶄新的思維和務實的做法，深耕花蓮豐田，快樂「做自己」，期望把一個三千人的村落打造成一個充滿大確幸的幸福共生社區，成為全臺社區可以仿效學習的對象。

共生五力分析	
開放參與	協會多年來發展出六個工作面向，其服務幾乎涵括了社區裡所有的族群；以大同戲院為例，這裡完全是一個開放空間，只要是開放時間，都歡迎任何人來使用，或租借場地舉辦社區活動。
自主價值	非常重視公民意識的培育，所以從青少年到長輩，從居民到駐村者，都持續以陪伴的方式協助他們創造自我價值，並形成各式各樣的產出。
互助網絡	完全不需要刻意經營，因為協會的運作非常在地，從工作人員到志工到居民，許多人都有強烈的認同與歸屬感，因此鄉里之間隨時互相扶持，互助網絡已經在他們的DNA中。

多代多元共融	從協會的工作人員組成（最年輕二十二歲、最年長六十八歲），到這幾年小學生人數成長，這裡有越來越多不同世代的人一起生活在社區裡。而協會透過提供在地課程，邀請長輩到學校分享，或是串聯同樣感到孤獨的兩代人一起參與有意義的社區活動，比如孩子去跟長輩學怎麼修單車，幫寂寞的長輩彩繪他家的牆壁，一點一滴都讓跨代共融的景象充滿在日常生活中。
永續生活	牛犁協會的永續努力展現在以下面向： 1. 人才永續：如前文所述，三十年來不遺餘力地培養在地人才，現在已經開始看到效果，而且也開始把這樣的 know-how 和能量向周邊的社區發散，作為領頭羊提供培訓和輔導，扶植其他合作單位。 2. 環境永續：這是牛犁協會開始的核心，不管是打造綠色隧道對抗砂石車，還是復育夜鷹棲息地，或是重新翻修和營造整理社區裡的許多老建築和地點，將社區打造成一個整體的「豐田環境教育學習中心」，建立永續環境一直是協會的重中之重，環境保育教育在豐田不是執行政府計畫，也不是口號，而是生活的一部分。

3. 營運永續：協會善用「給人魚，不如給釣竿」的賦能思維，發展出多套得獎課程和教案，可以內部運用，也可對外提供培訓，成為經費來源；還提供深度的生態文化導覽旅遊服務。而協會的每個工作人員都是講師，可以出去帶領課程，同時還善用勞動部多元就業的方案培力社區婦女和新住民同胞，或是進用單位需要的關鍵人才。一半以上的營運經費是自籌，讓財務穩定。

4. 服務永續：偏鄉的市場有限，因此大部分非營利組織的收入來自政府提供的補助案或標案，因此很多時候容易受到政策的影響，也造成服務不容易連貫。牛犁協會在這塊非常有主見，「我們有自己想要發展的核心價值與目標，政府的資源是幫助我們達到目標的手段，但不是結果。」總幹事楊鈞弼說。從協會的網站上也可以看出他們參與非常多的政府專案和計畫，「但這些都是和我們的區域發展及社區需求息息相關，如果只是一味地提供服務與資源，卻無法得到相應的發展，反而成為協會的包袱，也會重新考慮。」楊鈞弼舉例，當年他們是臺灣第一個得到認證的環境教育場域，能夠提供生態環境的導覽，因此來參觀的單位非常多，也為協會帶來不少收入，但後來要求參訪的需求量太大，很多也不是真心想來學習，只是需要參訪點數來完成他們的工作要求，甚至還要求協會進行諸多客製化的配合，對人力物力都有限的地方協會來說，造成許多困擾，協會幾經考量以後決定不再繼續提供生態導覽服務，「畢竟政府的ＫＰＩ不一定是社區的目標，我們不想只是成為幫助其他單位達成ＫＰＩ的組織。」

Deborah 的心得

雖然久聞牛犁協會的大名，為了寫這個篇章我第一次進到豐田去生活了好幾天，近距離觀察協會的運作和服務，聽關鍵人員分享他們的故事，也感受這個村落的風情。

我幾次到花東工作和在地團隊交流，都覺得有時候資源稀缺的地方反而會迸發出更多的創意，而且正因為資源稀缺，反而強迫大家一定要從整合、互助、共生的角度來思考，所以他們在接受共生社區這個概念更為容易，即使在還不知道何謂共生社區前，他們就已經在做這件事情。

而很多時候，你以為的劣勢——匱乏、不足、稀缺，如果換一個角度來詮釋和面對它，則會成為獨一無二的亮點，這點在牛犁協會做了最佳的展示，從綠色隧道的建置，到五味屋的實踐，到環境教育生態園區的打造，到樂齡教案的設計與講師培力，他們一步步按著自己的步伐前進，不自卑也不自大，對家鄉充滿了感恩與驕傲，這樣的情懷讓他們能夠充分凝聚社區，打造自己心目中想要住一輩子的宜居之地。

我們總是說社區是家的延伸，或是說社區一家，強調共生社區就是要把社區打造成居民的第二個家，所以共生社區是家的延伸這個意涵非常明確，而牛犁協會就是從四個家庭開始的社區組織。他們在組織的設置上簡單明確，總幹事和執行祕書為常設職位，人員流動少，以此確保核心價值不墜，理念和服務得以持續。

他們多年來堅持從自己的角度出發，打造豐田為宜居之地，透視社區需求後再利用政府資源來做最適合社區發展的事。儘管擅長對接政府專案，但他們有自己的主張，不盲目受制於計畫的目標和ＫＰＩ，才能做到不倚賴政府資源，甚至借力使力。

越來越多的小家庭或退休人士想要一群人住在一起互相照應，其實這就是最原始的共生社區，因此牛犁協會的方式值得參考和借鏡。社區協會不一定要以產業發展為主，著重在居民之間的溝通與交流更符合共生社區的目標。

案例
7

嘉義小鎮醫師陳錦煌的社會處方箋

「新港文教基金會」結合「素園」，提出在地安老真解方

這幾年雖然和陳錦煌醫師在許多場合見過面，但這是我第一次到他的故鄉新港拜訪他。說好了在「素園」見面，想可以順便和來參加活動的長輩們打招呼，沒想到當天雖然風和日麗，但前一天半夜一場大雨，造成許多農損，讓嘉義縣府隔天一早臨時宣布停班停課，所以長輩都留在家中，素園顯得有些冷清，只剩門口由新住民阿璇開的「姊妹ㄟ店」咖啡店還開著。

素園位在新港鄉福德村新中路上，站在門口的矮柵門前，一眼望去就可看盡，整個空間規劃地錯落有致，後面是占地最大的菜園以及旁邊的戶外活動區，前面有個小房子作為室內活動場地和備餐廚房，另有一個半開放式的座位區，「姊妹ㄟ店」就開在素園的門口。

在等待陳醫師時，我和「姊妹ㄟ店」老闆娘阿璇隨意聊聊。她算是用微創業實踐第三人生的模範。阿璇用流利的閩南語說自己是印尼華僑，閩南語是母語，但剛嫁到臺灣來時還是有文化的隔閡，過得很辛苦，那時只能當全職家庭主婦，養育三個孩子，如今三個孩子都大學畢業，責任已了，她就希望可以自己獨立。因為之前上過咖啡師職訓班，女兒鼓勵她開咖啡店，不但可以發揮所學，也可以賺點錢自己花用，「我現在還這麼年輕，還可以做很多事，未來也不想成為孩子的負擔，可以自己做點小生意最好不過了！而且在這裡有很多長輩，可以幫忙照顧和陪伴他們，每天都覺得很有意義。」

新住民姊妹阿璇開的咖啡店。

此時陳醫師從遠方騎著腳踏車來到素園，儘管看診和各式社區工作讓他十分繁忙，陳醫師還是答應來此與我碰面，談談這幾年他一手打造素園、推動社會處方箋的心得和對政府推動共生社區的看法。

新港素園的社會處方：老有所用、天生我材必有用

「這個地點其實是我媽媽以前的菜園，她種的兩棵梅樹還在那裡。」和陳醫師信步走在素園，他一邊說一邊指著身旁的兩棵樹。樹旁種植了無數種蔬菜，在一旁幫忙的志工偉泰如數家珍地念出每一種蔬菜的名字，並說：「阿嬤想種什麼我們就種啦！所以你看，有這麼多種各式各樣的蔬菜。」偉泰領有身心障礙手冊，但這完全不影響他每天來素園和長輩一起照顧和整理這裡的菜園和花花草草，他也幫忙做一些比較粗重的工作。

臺灣最有名的「小鎮醫生」陳錦煌這幾年以素園為基地，透過「社會處方箋」理念，積極推動以「健康社區生活共同體」為基底的共生社區。「在這裡，最重要的精神就是老有所用、天生我材必有用，希望讓每個人來到這裡都可以找到自己能做的事情和角色。」

陳醫師說，素園雖然是長照醫事C據點，但招收的對象完全不受限於政府規定。當初他把媽媽的菜園捐出來，就是希望這裡可以變成社區長輩的第二個家，大家以「家人」的方式共處。「如果按照政府的照顧邏輯，長輩會因為他們的身體功能和條件被送到不同的照顧場域，甚至被關在家裡或送到機構；但在新港，我們希望用素園邀請長輩走出來，這裡有生活可以自理的長輩，也有失智者，還有好幾位坐著輪椅、身體功能受限的長者。他們不是來這裡被照顧的，而是來這裡互相作伴，一起生活。」

素園在「社會融合」的精神下，努力營造歡迎不同族群來此貢獻所長、大家一起生活的氛圍。例如阿嬤一走進來先量血壓，感覺上是個被照顧者，但量完血壓後，她們都不會閒著，每個人都會自動地去找自己能幫忙的事，「整理菜園、打掃環境，就算是坐輪椅行動不方便的人，也會坐著幫忙整理午餐要用的青菜。而且這裡不是只有長輩，也有發展遲緩的『寶貝』、身障朋友、新住民姊妹……我們不用『照顧』這個字眼，而是希望大家在這裡都能貢獻一己之力，自在地做自己。」

陳醫師說，傳統農村社會本來都是互相照顧，但過去五十多年來社會發展變遷，家庭功能萎縮，才有越來越多老老照顧、獨居、孤獨死等問題，「我們看日本很多這樣的問題，其實臺灣也是。」另外臺灣的農業社會過去以三代同堂為主，所以照顧的責任一直落在家人身上，沒有發展出社區照顧這一環，當家庭功能萎縮，社區照顧又沒有銜接上來，很多問題就因此產生。

「再加上照顧家人是很私密的事情，例如穿衣、洗澡等，這些都是有血緣關係的人才能做，絕對不假他人之手，所以家人就成了照顧者的不二選擇。」面對年長一點的長輩這點觀念最難突破，「我們雖然不斷倡議社區一家的概念，希望建立沒有血緣關係的類家人關係，但傳統觀念不容易打破，因此推動了這麼多年，成效有限。」很多長輩一開始非常抗拒，「因為他有自尊啊！自己的孩子都不願意了，遑論別人？因此就算左鄰右舍都願意幫忙，能做的也有限。」

「但我們也只能慢慢推啊！剛開始先讓他願意接受外人來幫忙吃飯、洗澡這些事情，然後讓他變成有產值的人，創造角色讓他參與，所以他來素園不是被別人照顧和服侍的，只要蹺著二郎腿，什麼都不做，反而是自己可以參與，有所貢獻，這樣他們才感受到自我的尊嚴與價值。」

「老有所用」是傳統農村社會的美德，農夫只有做不動的時候，沒有退休的時候，因此可以勞作，日起有功，對務農者的身心靈健康和自我價值的體現非常重要。與其叫他們來這裡上課，不如把這裡的環境變成他們有事可做的地方，例如鼓勵他們來種菜，長輩們就會很樂意來這裡。

「因此我都跟長輩說，素園就是你家，希望來這裡的人把這裡當成他們在社區的家，這樣其他參加者就是家人，雖然不是親子、沒有血緣，大家還是一家人，才能發揮家庭的功效。」

素園是巷弄長照站，按照政府規定參加者只要超過二十人都可以，但每天來這裡參與的人數幾乎是兩倍還要多，也不受限於政府規定的服務對象，在這個「照顧現場」，並不似其他常見的老人照顧機構的制式樣貌，點名領便當、按表操課，更多的是讓各式各樣的參與者，不分男女老少、國籍或障別，自由自在地在這裡從事不同活動。他們來這裡盡到自己身為社區一分子的責任，也滿足身為人、擁有自己決定自己生活樣貌的尊嚴，真正體現了「社會融合」的精神。

「我們這裡每天都有快五十人參與，一半以上的經費是自籌。很多子女看到他們的父母在這裡的生活樣貌，身心狀態都有進步，覺得很感恩就自動捐款給我們，這是主要的經費來源。」

新住民姊妹和外籍看護工也是服務對象

素園背後的支持單位是成立於二〇一五年的扶緣服務協會，最早是由新港文教基金會社服組的志工們所成立，希望照顧到無法取得資源或被忽略的弱勢族群和社會邊緣人，包括身心障礙者、老人和新住民，他們可能因為某些個人狀況而不能被政府的福利政策納入，但他們確實需要幫忙，因此就用協會的力量來幫助他們。

陳醫師說，協會早期做服務需求調查，發現老人最多的問題是行動不便、無法出門，連吃飯都成問題，因此服務就從送餐開始。因應新港的地理環境，新港二十三村中，街面有四村，其他十九村都在外圍，只要是在街面做的服務，其他村落的長輩是享受不到的，所以協會一開始就在其他村落設置健康補給站，把這些服務就近送到在地長輩的家中。但協會畢竟是一個地方性的小團體，資源有限，可以提供的服務也有限，內容一直無法拓展開來。

「二〇一九年我結合了扶緣協會、文教基金會和素園三股力量，服務經濟弱勢者、失能失智者、身心障礙者，另外也協助新住民，包括兩大方向：嫁到臺灣來的外配新移民和外籍看護工，後者近年來增加很快，臺灣問題是缺少適當的職前訓練，包括基本照護技巧、語言及如何適應，因此我們更需要關心他們的語言學習、溝通能力，以及如何融入社區等問題；我們也和長庚科技大學護理系合作，請他們來為這些外籍看護工上課，讓他們學習基本的照顧技巧和方法，專業上有所提升，可更好地融入社區。在素園，他們用輪椅推長輩來，長輩活動時，我們也幫他們上課，或做些有意思的活動讓他們喘息。」

新住民姐妹們幫忙整理菜園。
（照片來源：陳錦煌醫師授權；攝影者：素園同仁）

素園另一重要社會處方：用有意義有尊嚴的方式，盡可能陪伴長輩到人生最後一刻

自從素園成立之後，這裡就成了很多長輩每天一定要報到的地方，「我們曾經有位九十三歲的爺爺，他心臟其實需要裝支架，動不動就喘，但他覺得自己年紀大了隨時會走，不肯花這個錢動手術，本來只能一個人關在家裡，一有狀況就用救護車送進醫院，後來兒子輾轉聽到素園，就把他帶來這裡，結果他每天坐計程車來，和大家共餐互動，原本不愛說話的他，只要和人提到當年打八二三砲戰的經過就變得很有精神，眼神發亮，大家也聽得很開心。在他過世之前兩年，他天天來素園『上班』，他過世後，兒子來跟我們說，很感謝有素園，讓父親人生的最後兩年過得很幸福。」

「盡可能照顧到最後一刻」是素園的精神，只要長輩願意來，他們都盡量接受，「其他參與者也都願意一起包容和陪伴，因為這才是家人啊！」他提到另一位吳麗容老師，她和先生都是退休老師，長期在基金會擔任志工，兩人每天都到素園，「後來她的糖尿病和失智日益嚴重，什麼都忘了，但她還記得我，會跟我打招呼。照顧她最吃力的部分是她有大小便失禁的問題，如果一個人在家裡照顧，肯定會弄得心力交瘁。但來這裡我們有工作人員可以協助，透過固定時間帶她去上廁所，以及飲食營養控制等，還有事情讓她做，讓照

顧者可以得到喘息，這些都肯定比先生一個人在家照顧她來得強。」

吳老師走後，陳醫師在他的臉書寫道：「……看到麗容老師最後幾天在婉如帶領，專為素園超高齡長輩開設的『高齡人生寶盒』的課程中，在老師及志工們循循善誘不停鼓勵下，拿起畫筆，非常專注一筆一畫地畫出心目中的最愛；我非常相信這樣的生活，遠比在醫院被氣切，被三管，被點滴，被五花大綁得連翻個身也不行的臨終生活，更有意義，更值得追求！……」

行醫半世紀看盡醫療有極限，透過成立新港文教基金會等方式，推動社會處方箋

社會處方箋（social prescribing）始於英國，是為了補充公醫制度造成的效能不彰而開始的一種具醫療效果的社區參與，目前發展到全世界二十幾個國家，「社會處方」的定義如下：一種屬於個人自願性的社區參與，可滿足「身、心、靈、社會」全面性需求以達最安適狀態（well-being）來促進健康。

推動社會處方箋是陳醫師行醫近五十年，每天看診中得出的結果。「我自己是醫生也是病人，看到太多狀況，知道儘管醫療工具不斷進步，但醫療也有極限，很多的情況真的

是沒有藥醫，或不是用藥醫。」他這幾年積極推動社會處方，甚至在診所開設「社會處方門診」，希望針對「社區裡既存影響健康的非醫療因素」，集結各種資源，和患者一起找出可能的個人化解方。

雖然社會處方箋是他近年來才開始積極推動的一項工作，但回顧陳醫師在新港所做的各種社區工作，會發現原來他一直都在開社會處方，「的確！把雲門帶到新港就是第一帖社會處方。」

雲門舞集回到新港公演，以藝文活動提升社區生活品質，是第一帖社會處方

一九七七年臺灣大學醫學院畢業，一九八一年陳錦煌就回到家鄉開設小兒科和內科診所，診所設在新港地標奉天宮旁，他一邊看病一邊投入社區工作，在臺灣還沒有人談什麼是社區營造和共生社區前，陳錦煌已經在「做社區」了，「就是看到社區裡的問題和需求，然後想辦法去解決。」

上世紀八〇年代末期，解嚴後的臺灣社會在經濟社會各個面向都陷入動盪和重新調整的階段，那是一個人稱「臺灣錢淹腳目」的時代，全島人瘋狂簽賭大家樂，連純樸小鎮也不例外。陳錦煌發現每當開獎日診所就會來好多失眠、頭痛、身心不舒服、吃藥也沒用的人，都是簽賭大家樂的後遺症。這讓他非常憂心，知道這種社會病無藥醫，只能靠在社區

裡建立向上提升的力量，因此他和舞蹈家林懷民先生合作，利用雲門舞集在新港首演所捐出的十五萬元新臺幣為基礎，再號召鄉親捐得近兩百萬元，正式於一九八七年十月成立「新港文教基金會」。

這個始於農村、臺灣最早的小鎮基金會成立的初衷很簡單，希望「讓下一代不會變壞」，從藝文活動和閱讀入手。因為是從社區由下而上的努力，因此一直與社區的需求和脈動相連結，多年來發起很多令人耳目一新的做法，是新港建立社區認同和發展的重要基石。

舉辦歌唱大賽和電子琴花車脫衣舞孃相抗衡也是一帖社會處方

陳醫師提到，以前鄉下經常舉辦廟會，原本是為了敬神和服務信眾，但後來內容逐漸變質，「找來一大堆電子琴花車，還有脫衣舞孃表演！這對孩子真是非常不好的影響。」但他們又沒辦法叫對方不做，「所以就決定舉辦歌唱大賽和他們抗衡！一條街一端是電子琴花車表演，一端就是我們的歌唱比賽。」歌唱比賽要吸引人，當然就要有會唱的人站出來，「那個時候我有一個病人是『少奶奶』③，她開完刀後傷口已經癒合、癌細胞淋巴等都清得很乾淨，病理上沒什麼問題，但她就是走不出來，整個人非常憂鬱封閉；我知道她

③ 切除乳房的乳癌患者之俗稱。

很會唱歌，就去拜託她，好不容易讓她同意登臺表演，結果一上臺看到家人朋友都來支持捧場，她自己也很開心，終於從術後的憂鬱中走出來，後來也成為基金會的活躍志工。」

新港板頭千歲團，用表演克服疫情帶來的疏離與恐慌

他們透過楊美英老師帶領「跨域故事說演工作坊」和薛美華老師帶領「物件劇場工作坊」，幫助新港板頭村平均八十三歲，一輩子沒演過戲的長輩們，成立新港板頭千歲團。在三級警戒期間，千歲團的老師帶著長輩們從身邊的老物件挖掘生命故事，並進行肢體動作排練。待疫情降級後，老師們更將課程編排成舞臺劇，帶著長輩們巡迴村落演出。

對比有參與說演劇場這帖社會處方箋的長輩，在疫情期間只能關在家裡每天看電視的長輩，身體健康出現了很大的落差。

「九月十四日起抽樣檢驗素園長輩，和五月三日三級警戒前的結果比較，發現有七成五的長輩行走二・四四公尺耗時更長；有六成六長輩的體重下降，甚至有兩例不幸過世；短短近三個月的三級警戒在家，有無參與社會處方的活動，對健康的影響竟如此巨大！」[1]

「在新港的社會處方箋不只針對長輩，例如讓退休族群去1/2自然農場種菜，這不

但是最佳的食農教育，也可以透過勞作體會利人利己的第三人生；或者鼓勵他們去培桂堂[4]當志工，透過歷史文化的薰陶使心靈成長；針對青少年，有些不喜歡或不擅長讀書的孩子，介紹他們到基金會的相信工程[5]，幫助他們找到自己的專長和可以發揮的地方……這些其實都是社會處方。」

期待新港的「社會處方」形成可學習的模式，裨益其他社區

陳醫師認為社會處方箋包含兩大要素：holistic（整合性）+ personalized（個人化），因此了解每一個人獨特的狀態和需求非常重要。「這樣才能做出正確的判斷，開對處方。」他也強調，社會處方箋是一個輔助性的做法，「我們要先確定患者的疾病診斷，是否已接受有效的醫療介入，然後，患者身、心、靈、社會四面向仍然無法完全療癒，再透過實證醫學（evidence-based medicine）來了解對什麼病？在什麼時候？什麼樣的人？什麼樣的場域下，提供什麼社會處方最有效，而不是一開始就過分強調社會處方箋的醫療效果，這樣

④ 林懷民祖父林開泰的宅第與診所，今為嘉義縣定古蹟。
⑤ 新港文教基金會的社區關懷計畫，建立支援網絡，幫助家庭功能失調的弱勢青少年與兒童。

反而可能延誤適當治療的時機。」他也很憂心近年來有些不肖商人利用大家對於這個處方的不理解，打著「社會處方」的名義來販賣保健食品或各式各樣奇奇怪怪的服務，利用大量廣告或網路創造聲量得到注目，民眾盲目地接受，其實是非常危險的。

多年來積極投入社區工作讓陳醫師比起其他醫師更可以看到非醫療手段介入對於患者可能產生的助益與療效，他也據此導出了幾個結論：

一、解決社區中既存影響健康的非醫療因素，是社會處方箋推動的重要目的。這些因素包括：經濟弱勢、種族或性別等先天的不平等，以及環境、文化、生活習性等所造成醫療的不平等。

二、社會處方要有療效，需建立在永續發展的基礎上。換句話說，不是說只參觀一次博物館、美術館就能治癒你的恐慌或憂慮，參觀博物館必須可以轉換成日常生活的一部分，長久累積後才會有醫療的效果。

三、社會處方箋要和需求者一起設計、產出，且越早給療效越好。這是為什麼英國很重視社會處方箋需連結到需求者所生活的社區。

四、加強相關人員包括社區醫師、社區護理師和社會處方箋「社區服務連結者」[6]等的訓練。幫助他們了解哪些人？哪些病？在什麼時候？什麼地方？會需要提供社會處方箋，以及開出哪些處方箋較有效？

五、臺灣若沒有政府政策提出及資源投入，以及百姓觀念改變，推動社會處方箋幾乎不可能！[2]

他也提出了推動社會處方箋面臨的挑戰：一、英國是公醫制度，服務效能不佳，急症病患也要註冊和長時間等待，為了減少GP（general practitioner，相當於臺灣的家庭醫師）的醫療負擔，社會處方有預防及醫療效果，所以有其存在的空間；但臺灣的社會、文化、經濟、環境、民主落實和就醫習慣等，和英國大不相同，推動社會處方箋很難直接引進英國做法。二、在一個喜歡打針吃藥、相信藥到病除、吃X補X的社會，「社會處方」會

陳醫師在路邊與長輩話家常。
（照片來源：陳錦煌醫師；攝影者：素園同仁）

⑥英國的國民保健署（NHS）稱為 social prescribing link wokers，並提供相應的訓練。

被大眾接受嗎？三、當健康食品廣告充斥電視頻道，健保給付論量計酬、醫療行為重治療輕預防；健保俗擱大碗，百性看病像逛夜市，有誰了解「社會處方」的健康意涵？有誰需要「社會處方」？[2]

目前陳醫師和中正大學施慧玲教授領導的長者人權門診團隊合作，進一步整理新港文教基金會多年來的工作經驗，「我們尋求在『社會處方』的定義下，哪些內容具有醫療效果可以叫做『社會處方』？然後進一步檢討，在什麼時候或什麼場域？經由什麼方式吸引鄉親參與？能幫助什麼人？可產生什麼樣的健康促進效果？我們現在是聚焦在我們有沒有辦法整理出一些方法，設計成一個模組，讓新港的經驗也可以為別人所用。」他相信現今社會雙老家庭越來越多、長輩越來越孤單、慢性病越老越多種、論量計酬的健保制度產生越來越多無效醫療……因此可以提供不必開刀、打針或吃藥，但仍有醫療及保健效果的社會處方勢在必行。

不管是社會處方箋，或是共生社區，對於工作人員來說都是很新的觀念，所以陳醫生不但每天去素園和長輩對話觀察，也固定每週一次和跨專業團隊開會，透過個案進行討論，分享新觀念和照顧心法，讓大家可以慢慢地理解進而接受，「我每天到素園陪伴長輩，和他們閒話家常，看到他們眼中綻放出的小小光芒就感到非常療癒，我覺得我得到的比他們還要多！」

連鎖書店開到新港小鎮，閱讀是最經濟、最有效的社會處方

新港文教基金會最早從鼓勵閱讀開始，三十多年來建立館藏豐富的圖書館、設置行動書車、推動希望工程來幫助青少年圓夢，社區教育的對象從兒少開始，拓及各個族群，例如因應高齡少子化來臨，行動書車把服務對象從孩童擴及到長輩，遇到不識字的長輩就用繪本與他們溝通；或是由長輩用自己熟悉的物件來訴說和書寫自己的生命故事，幫助長輩圓夢、留下家族傳承和社區歷史，是深刻而有意義的社區教育。

二〇二四年開春，連鎖書店誠品在新港老街大興路上開了一家培桂堂限定店，期待結合電商和快速物流，實驗在小鄉鎮開設連鎖書店的新商業模式。陳醫師和新港人對此有許多期許，節錄一段來自陳醫師臉書的文字，也為他在新港推動社會處方下一個最佳註腳：「讀書是每一個人自己最能掌控的社會處方；當你孤單無助時，藉由讀書，可吸收他人經驗，神遊古今中外，增加人與人的對話，發現智慧，走出困境；也是終身學習最好的工具，促進大腦的可塑性，以減緩失智；也可經由讀書會，一起組織學習，分享人生經驗，群策群力，完成單憑個人力量無法達到的夢想。

「你要嘗嘗比健康食品更便宜、更有效的社會處方——讀書？」[3]

共生五力分析	
開放參與	新港文教基金會成立閱覽室，又有書車到處巡迴，並經常舉辦各種活動，大門永遠為所有居民而開；而素園雖然以服務長輩為主，但也擴及家庭照顧者、新住民、身心障礙者；½自然農場提供身體力行的食農教育，號召許多退休者來此擔任志工，學習自然農法，為退休人生找到重心也為社區盡一份心力，利己利人。
自主價值	素園強調「愛的一家、老有所用」，致力打造一個融入且參與的環境，有失智長輩前一天還來到素園活動，第二天在睡夢中安詳過世，讓長輩可活到最後一刻，日日都過得有價值且有尊嚴。
互助網絡	新港多年來發展出強大的志工網絡，任務分組具組織化且訓練有素，彼此之間往來頻繁，關係密切，以此為基礎在社區裡形成了強大而綿密的互助網絡。
多代多元共融	新港有各式書香藝文活動，歡迎不同世代的人參與，行動書車到訪的地點有幼稚園、中小學也有關懷據點；素園雖然以陪伴長輩生活為主，也會透過志工服務和與周邊學校合作的方式，讓不同世代的人進來一起互動；新港客廳鼓勵中高齡就業，營運團隊由中高齡媽媽和新港青年共同組成，這些都是在社區中落實多代多元共融的實例。

永續生活

新港社區在永續方面的表現可分成以下幾點來說明：

1. 文教基金會發展社會企業，透過新港客廳、½自然農場、環境教育和雙合再生工作假期等服務，以敬天、愛人、惜土地為本，保存農村珍貴資產，橫向連結新港友善好物平臺，倡導吃當季、吃在地，降低碳足跡，不只吃的安全健康，也達到環境永續、社區共好的目標。同時社會企業有機會創造有形的收入，也可累積無形的社會資產，讓基金會除了靠募款或傳統的政府補助款或計畫案，也能夠開創其他自主財源，並藉此和不同族群推廣理念並進行多元對話。

2. ½自然農場的緣起始於幾位基金會資深幹部的推動，透過提供自家農地，開始嘗試無化學農藥、無肥料的自然農法，耕種「自然米」，進而成立「自然農場」，從基金會自然組義工開始，鼓勵新港退休公教人員參與，逐漸拓展成環境與食農教育、餐桌小旅行，以及新港中小學生農事體驗學習的重要場域。所謂的½，根據½自然農場網頁是這樣解釋的：「農場生產的½由義工自用，½提供基金會推廣銷售，讓更多人分享具公共參與及環保精神的健康美味蔬果。」

永續生活

3.透過自然農場提供的環境教育與傳承意識非常重要，「……畢竟一畦水稻田代表的不僅是農業生產力，還有棲地生態保育、涵養地下水、氣候調節、農村文化傳承等意義。新港有五成人口務農，也免不了農地拍賣和老農凋零的困境。農地的消失將連帶拔走根植其上的生態與農村文化。自然米與蔬菜的耕作，不只是產品經營行銷，更是保存農村地景、自然生態和地方文化的行動，也是區域永續發展的資產。」[4]

Deborah 的心得

因為參與新港文教基金會與外部單位 5 % Design Action 合作的共創工作坊，讓我的新港之行不只是蜻蜓點水地到訪，而有機會感受到基金會多年來的努力如何深植在小鎮人民的心目中。就連我偶然找到的民宿，主人也是基金會的長年志工，和我分享了他們多年來持續接待日本古川市來訪的高中生的故事。

共創工作坊利用三個月的五個週末舉辦五次全天研習活動，目標在打造新港成為地方「教育培力基地」和建構新港成為「地方入口平臺」，因此參與者大部分為基金會的幹部和志工，以及少數自主報名參加的學員，以「永續X教育」和「文化X創生」為主軸，透過食農教育、在地工藝、街區文化三個主題分成六組。工作坊目標設定明確，以最小可模組化輸出為成果導向，讓不同關係人口可以充分在過程中對話交流，針對共同的社區議題討論並以正向的方式尋求共識和產出。

這個過程讓我非常驚豔與感動，不只是看到一個已經成立三十七年的非營利組織，在組織管理、人員培力和關注地方議題上不但沒有老大思維，而是持續地導入最新的工具和方式，與時俱進，維持競爭力；而且重視傳承，許多參加者就是基金會的幹部，都是年輕的一代，他們以身為新港子弟為榮，積極參與社區事務，期望讓新港變得更宜居更友善。

建立這種「地方意識」對於共生社區的長遠經營非常重要，但需要很長的時間，尤其需要透過教育潛移默化，而且要持續一步一腳印的努力，短時間雖然不容易看到效果，但日久一定會有影響，也印證了「一個人走得快，一群人走得遠」，我們做社區工作，可以從一個人開始，但一定要串聯志同道合者，一起協同合作，以社區裡的共同未來為最大公約數一起努力，才有機會持續向前。

唐代孫思邈的《備急千金要方．診候》中說：「古之善為醫者，上醫醫國、中醫醫人、下醫醫病。」在我心目中，陳醫師正是這樣一位有著「醫國醫心」情懷的醫師，他曾選擇進入體制內服務，擔任過政務委員；也長期在許多民間組織擔任重要職務，在家鄉則以新港文教基金會資深志工自居，長期投入各項社區工作，他透過寫文章或社群媒體針砭時政，發表自己對於高齡長照或地方創生等政策的憂心，直言這兩件事情要從「最上位」進行上下左右全方位的整合，否則永遠都只是空談而已。面對當朝，不畏人言，選擇說出心底話，也許在別人眼裡有些「不識時務」，但陳醫師還是選擇做自己。問他如何可以做到這樣「衣帶漸寬終不悔」？難道沒有覺得灰心的時候？

他反而笑笑說：「不會因為很灰心而放棄，人生還是需要有意義，『明知不可為而為之』才是我存在的價值。」

PART

3

破框人物

一個人的共生之旅

一個人也可以開始的共生社區之旅

社區由人所組成，因此共生社區絕對不會只有一個人、一種樣貌，而「人」是其中最重要的因素。前面的案例中，我們看到有基金會和社區發展協會等組織，為了響應政府對於社區照顧關懷據點的政策而開始推動共生社區，也有一系列組織是在傳統社區營造、大學社會責任等基礎上推動共生社區。

他們透過破框思維和做法，透過營造「人」，從不同的角度切入，讓社區裡的互助網絡活絡起來，逐步走向共生社區。

那共生社區可能從一個人開始嗎？答案是肯定的。新時代來臨之際，破壞式創新者尤需要破框的思維和超人的行動力。

這個章節我們介紹四個「人物」：分別是醫生、前副市長、大學教授，成功的作家／商人。他們在原來的人生道路本來就已經是社會上大家尊敬的對象，就算沒有名利雙收，至少是不愁吃穿、平順有成，只要繼續向前走就好，但他們卻不這麼想，看到臺灣社會在人口變遷下面臨的重大挑戰，想到自己身為其中一分子責無旁貸，希望在有限的生命裡善盡一己之力。在使命感的驅動下，他們放下過去的成就，打破既定的框架，用多年累積的經驗、長才與人脈，甚至搬到一個全新的地方，選擇從自己開始，展開關於共生社區的具體實驗。

在他們朝著自己夢想的人生藍圖，一步步向前邁進的同時，也開拓了我們對於共生社區的想像。

案例 8

臺東都蘭診所：余尚儒醫師

將日本共生社區和在宅醫療概念引進臺灣的先驅人物

你去過臺東都蘭嗎？你上次到都蘭是什麼時候？

這個背山面海的小鎮，原住民以阿美族為主，但這幾年增加了不少移民到此的「新住民」，包括來自海內外的藝術家、文創工作者，還有更多來此觀光、獨旅或短居的人，其中有一位是醫生——都蘭診所余尚儒醫師。

我第一次到臺東採訪余尚儒醫師，不是走進位於臺十一線上的「都蘭診所」這棟建築物中，而是來到俗稱為「都蘭媽祖廟」的協天宮前廟埕，參加一年一度的「都蘭共生祭」。一個由都蘭診所發起的年度活動，集同樂會、健檢、市集、聚餐於一身。我們到的這天，主舞臺正在上演《回家》短劇[1]，旁邊還有各式各樣的小活動在同時進行，整個場面非常熱鬧與歡樂。

那次與我同行的還有八十歲的媽媽和十八歲的姪子，我們到花東自駕遊順便走訪都蘭診所。媽媽和姪子也被拉下去玩遊戲，遊戲的內容是如何不靠雙手，卻能把貼在人中的海苔片，利用舌頭的力量吞進嘴裡，參加者不限年齡，排成一列，也有坐在輪椅上的長輩，看著大家拚命用力伸舌頭想要黏住海苔片的樣子，真的好有趣！後來余尚儒解釋說，這其實是日本用來幫助長輩鍛鍊口腔和吞嚥的方式，「哇！口腔訓練竟然可以這麼有趣！」我心裡這樣想。

二〇一七年余尚儒帶著日籍妻子和兩個兒子從家鄉嘉義搬到臺東都蘭，創建都蘭診所，是臺灣第一家以「在宅醫療」為核心服務的診所，並以這個臺東小鎮為發動地，開始了在宅醫療在臺灣的寧靜革命。

現在就讓我們隨著余尚儒的分享，了解為什麼在宅醫療是打造幸福共生社區不可或缺的一環。

① 當年余尚儒為了推廣在宅醫療模式，引進了一部日本電影《回家》，並在都蘭祭中模仿劇情由診所的工作人員和居民，共同演出，並根據在地情況做適當調整，目的在協助居民更了解何謂在宅醫療，以及都蘭診所的服務內容與價值。

看到醫療體制的僵化無助於提升患者的健康，決心成為走出診間的醫師

臺灣各界近年來致力推廣的「共生社區」概念主要來自日本，「在宅醫療」的觀念也是，而余尚儒則是把這兩個觀念引進到臺灣的關鍵人物。

余尚儒念醫學院時就經常到偏鄉服務，當時就注意到臺灣雖然有健保，但醫療體系最大的問題是「不患寡而患不均」，醫療資源大量集中都市地區，偏鄉則非常缺乏。畢業後他回到家鄉嘉義基督教醫院[2]擔任家庭醫學科醫師，嘉義的六十五歲以上老年人口比例在臺灣排名第一，所以他的患者多為長輩，在大醫院工作的經歷，讓他見識到了醫院和健保體制對醫生看病方式的影響：醫生在看病時經常考慮的是：這個健保會給付嗎？如何給付才能將效益最大化？所以很多時候醫生是對著電腦看病，而不是對著人看病……。

這些觀察和體悟讓他早早看出，超高齡社會快速來臨，臺灣雖有良好的健保，但不一定就是確保人民健康的最佳做法。他因此開始對超高齡化歷程走在臺灣前面約十年的日本感興趣，透過日籍妻子的協助，他得以研讀大量的日文資料，並實際走訪日本多個共生社區和在宅醫療組織，和關鍵人物訪談與交流。他曾得到日本支持在宅醫療研究不遺餘力的「勇美紀念財團」的資助，在日本進行三個月的實地研究，是受到資助的第一個外國人。

這些第一手的經歷和觀察，透過他理性的分析和感性的筆觸，在他的部落格和專欄分享，讓臺灣各界有機會認識這些重要的觀念，並引發後續許多單位組團到日本走訪見習，或舉辦國際研討會邀請日本專家來臺分享，至今持續不斷，深深影響了臺灣的共生社區和在宅醫療政策的發展。

余尚儒認為，要實現在地安老，需以共生社區為藍圖，因此在宅醫療是不可或缺的一環，「在宅醫療是打造共生社區最佳的催化劑。一個有在宅醫療診所的社區，更有機會以診所為核心來整合居民需求，並串聯各種資源，達成以居民為中心的共生社區。」

因此他致力將日本在宅醫療的學習與知識轉換落地，只是個人著書立說、推動觀念不夠，還需要更多實驗與實證研究。二〇一六年他結合一群志同道合的夥伴成立了「在宅醫療研究會」；隔年，臺灣進入高齡社會的前一年，「台灣在宅醫療學會」正式成立，成為臺灣推動在宅醫療的主要推手。

學會有三大使命：一、發展本土化在宅醫療知識；二、建立居家跨專業合作機制；三、參與國際性在宅醫療交流，為臺灣超高齡化的社會所面臨的種種挑戰做好準備。學會自二〇一八年起每年在臺灣各地舉辦年會，已成為在宅醫療夥伴交流分享的重要場合。

② 全名為戴德森醫療財團法人嘉義基督教醫院。

什麼是在宅醫療？為什麼需要在宅醫療？

要了解在宅醫療是什麼，「社會創新平台」網站上提供了一段簡短直接的說明：「支援本人在家生活到最後的健康照護手段」。主要的概念是「把服務送到家中，它結合醫療和長照各種專業人員、協調大醫院和基層社區診所，讓病人出院之後，可以得到適切照顧。日本推動在宅醫療後，減少社區內病人往來醫院住院的次數，降低瀕臨臨終階段的無效醫療，進而降低總醫療費用支出。」[1]

很多人把日本的在宅醫療形容成「往診」，就像臺灣早期醫生會騎著腳踏車去家戶中看診一樣。的確，兩者的概念非常類似，醫生都需要走出診間，走進患者家中，提供一個以患者為中心，以療護（care）為主，而非治癒（cure）為主的醫療方案。

有沒有在宅醫療對病人的差別是什麼？余尚儒在他的書中分享了一個他剛搬到臺東時遇到的案例：文健站的工作人員說要幫獨居mamu[3]拿藥，所以他決定親自去看看這位mamu，一去才發現她的血壓飆高，已經很久沒有吃藥，曾經中風的她隨時有可能再度中風。失能的mamu獨居在三坪大且充滿尿騷味的狹小空間中，只靠著電話跟外界聯繫，包括叫外賣，好幾次有輕生的念頭。她身上沒有管路、沒有呼吸器、沒有罹癌診斷、非癌症末期或精神病，因此如果沒有在宅醫療，不會有任何的醫生來看她。她沒有能力主動中請長期照顧服務，雖然曾經住院，出院後也沒有任何「居家資源介入」，所以她只能一個人待著，什麼時候會發生什麼事都沒人知道。余尚儒只能趕緊聯繫mamu的家人告知他們獨居母親的狀況。離開mamu家時他十分感慨，心想：有一天我老了，會不會變成跟mamu一樣？

也許你會說，偏鄉醫療和交通不便才會有這樣的故事，那我來分享另一個案例。我曾經陪即將慶祝百歲的韋爺爺到醫院回診，爺爺住在臺北市大安區，有四個小孩但都在國外，孩子雖然會輪流回來探望父親，但大部分時間是他一個人和外籍看護住在一起，他有心臟和腎臟的問題需固定回診。外籍看護很用心照顧，因此她對爺爺最近的狀況很憂心，「爺爺不吃東西也不喝水。」但不管是心臟科或腎臟科的醫生，都無法幫她解決這個難題，只叫她去找醫院的營養室諮詢，而營養室也只能給出一些非客製化的建議，無助於解決爺爺個人的狀況。爺爺不想吃東西的原因是什麼？一定要逼他吃東西甚至強迫餵食嗎？外籍看護應該怎麼繼續照顧下去？就算身邊有家人，誰能夠給他們一個統整的意見和做法？

③阿美族對年長女性的尊稱。

從Cure到Care，將日本在宅醫療觀念引進臺灣的第一人

日本在宅醫療先驅、鹿兒島的中野一司醫師指出：超高齡社會中的照護思維，應該從醫院「治癒導向」（cure）的醫療，轉變為以「療護（生活支援）（care）導向」的在宅醫療。余尚儒非常認同，在他的書中有詳盡的論述，認為這是在宅醫療的核心精神，他的著作也以此為名：《在宅醫療：從Cure到Care：偏鄉醫師余尚儒的翻轉病房提案》（天下文化，二〇一七）。

余尚儒進一步指出，其實在宅醫療和醫院的急性醫療並不衝突，他們也不否定治癒導向的急性醫療的重要性。「只是，當社會上有越來越多高齡長壽的長輩，大多數時間困擾他們的是各種慢性疾病、重大傷病以及不可逆的失能，大多無法被治癒，因此，我們對高齡者的醫療觀念必須翻轉，從以治癒（cure）為主轉變為以療護（care）為主。以長輩為中心，建立以生活支援為主的醫護方式，促成社區中多專業之間的合作。醫師不再是照護系統中的唯一指揮者，以生活支援為主的照護過程更需要專業之間的合作。」[2]

「日本在宅醫療有兩大特色：一、整合醫療服務和長照服務；二、實現連續性的照護到臨終。兩者在臺灣都非常欠缺。」[3]尤其是後者。余尚儒提到，日本和臺灣都有超過六成以上的長輩希望能夠在家善終，但如果每次身體一有狀況就被送進醫院急救，在家善終

要如何才能做到？

「在宅醫療」必須支持患者持續居住和生活在社區中。因為有醫療兩個字，所以醫師和護理師這些醫事人員還是重要的角色，但在宅醫療裡的醫事人員是走出診間、直接面對客戶、生活在社區裡的人。他們的客戶（患者）也是鄰居，所以更著重的是客戶生活品質的提升，講究療護的效果，而不是治療的過程和各種治療的方式和可能。這樣講並不是說他們不重視醫療可以為患者帶來的改變，而是說他們不會僅僅依靠醫療的手段去看客戶的狀況和制定想要達成的目標，而是全面性地看待客戶的生活狀況和醫療需求，然後制定適合的目標，並找出最可行的方式來達成。

有人把日本的在宅醫療形容成臺灣的「居家醫療」，但余尚儒認為兩者差別其實很大：「在日本不管是不是罹癌病人、是不是末期重症，只要有失能、失智或就醫不便的老人，甚至小孩，都可以接受『在宅醫療』。在宅醫療的各項服務，涵蓋醫療與長照體系的服務和給付方式，財源來自醫療保險、長照保險以及地方政府或民間財團的資助。二〇一二年日本國家政策確立推動社區整體照顧後，在宅醫療成為『社區整體照顧』成功推動的必要條件之一，在宅醫療不僅是概念，也是政策目標。」[4]

臺灣在全民健保開辦之初就有居家照護，包括居家護理和安寧居家療護，長照二・〇實施之後，還有居家服務，但熟悉居家服務場域的人都知道，臺灣的居家照護體系非常片段，而且橫向聯繫不足，基本上是居家護理、居家服務、居家復健和安寧居家療護等各行其是。最近這幾年開始推動「居家醫療照護整合計畫」，把早期的居家照護和二〇一五年針對診所開始的「居家醫療試辦計畫」都納入其中，二〇一六年擴大後醫院也可以參與，但是否整合成功都還未知，並且還僅是健保的一項計畫，並未成為政策目標，一般民眾仍覺得非常陌生。

山邊海濱、小學穿堂、廟埕教會，是診間也是共生社區場域

作為臺灣第一個在宅醫療診所，都蘭診所最大的不同就是除了固定的門診時間外，余尚儒和團隊固定出診，他們有一臺裝備齊全的行動出診車，一下子就可以把學校的穿堂或廟口變成診間，而大家來此看病的氛圍也和醫院非常不同，一邊候診一邊聊天，醫師看著患者說話，甚至走入患者家中，看到醫療以外的需求，並經由各式資源的引介和串聯，來確保患者不只改善了醫療需求，更多時候獲得了生活和心理支持。

我們可以透過圖六來了解都蘭就醫模式（在宅醫療）和傳統的就醫模式有什麼不同：傳統就醫模式的架構比較制式嚴謹，診間、醫師、社區形成以醫療單位（醫師）為中心的同心圓，但彼此間並不互相串接，是患者要去適應這個制度；而都蘭模式（在宅醫療）打

圖六、傳統就醫模式與都蘭模式的對比

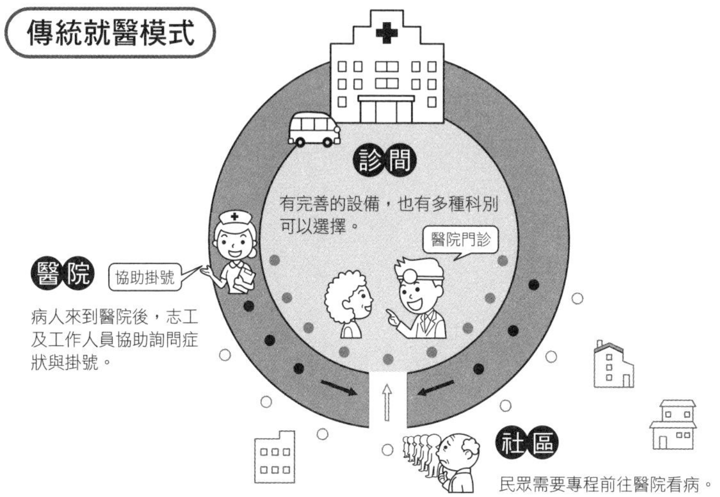
傳統就醫模式
診間
有完善的設備，也有多種科別可以選擇。
醫院門診
醫院
協助掛號
病人來到醫院後，志工及工作人員協助詢問症狀與掛號。
社區
民眾需要專程前往醫院看病。

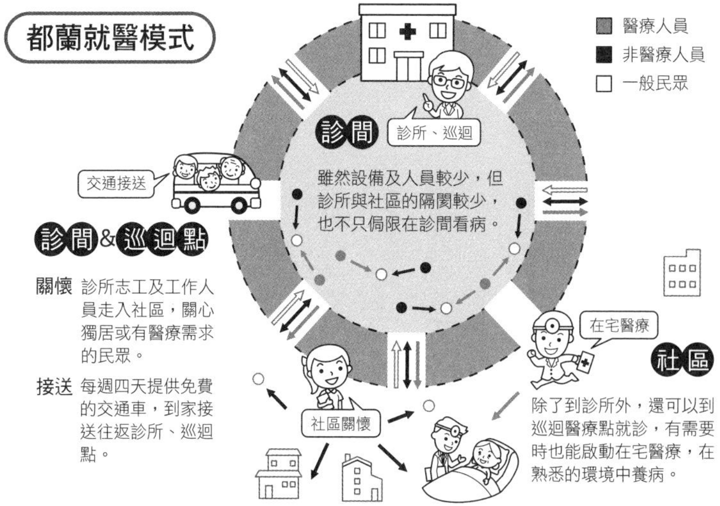
都蘭就醫模式
醫療人員
非醫療人員
一般民眾
診間
診所、巡迴
雖然設備及人員較少，但診所與社區的隔閡較少，也不只侷限在診間看病。
交通接送
診間&巡迴點
關懷 診所志工及工作人員走入社區，關心獨居或有醫療需求的民眾。
接送 每週四天提供免費的交通車，到家接送往返診所、巡迴點。
在宅醫療
社區
社區關懷
除了到診所外，還可以到巡迴醫療點就診，有需要時也能啟動在宅醫療，在熟悉的環境中養病。

（概念圖作者：余尚儒、許宏彬、鄭冠霆，圖由都蘭診所授權後繪製）

破了這樣的層級與架構設計，醫師、患者、診間都在社區裡流動，社區扮演了更重要的角色，各項資源以患者為中心在社區裡承接、串聯、互補。

在宅醫療醫師最重要的任務是預防疾病，因此他們會藉由定期出診、主動訪視，透過不同專業的轉介，提早介入患者的治療過程中，希望能避免小病變成大病，或某些症狀沒有好好處理而變成需要住院的嚴重疾病。

在宅醫療診所和我家附近的診所有什麼差別？

為了推廣在宅醫療和在家善終可行的觀念，余尚儒引進日本電影《回家》，劇中男主角是在大都會醫院任職的「菁英醫生」，因為在家鄉擔任小鎮醫生的父親忽然生病而回家支援，沒想到卻因此意外重啟他的醫療人生。

透過電影我們可以看到：在宅醫療診所和一般診所最大的不同有兩個：一個是以客戶為中心的跨專業人員的聯繫，從醫生、居家護理師、居服員、物理治療師或其他相關治療師到家庭照顧者等，一起討論、達成共識，以防有各行其是、資源重複，而見樹不見林的狀況；另外就是社區裡各種社會性的非醫療資源串接，目的在增強客戶的社會連結，並藉此提升其每天生活的想望和品質。畢竟生活和照顧的比例應該是「二十三：一」，這來自比利時一個長照機構的實證研究。他們發現：即便是罹患重症需要很多照顧的人，其接受照顧的總時數加起來也只占一天二十四小時中的一小時，其他的二十三小時都與照顧無關，因此如何讓這二十三小時充滿生活感，讓這照顧的一小時能夠成為輔助好好生活的重要利器，而不只是講求續命，是在宅醫療的重要追求。

余尚儒說，擁有一個場域不管是對推動在宅醫療或共生社區都很有幫助，「但不需要太過拘泥。」因此都蘭診所的診間幾乎無所不在，只要有醫師和行動出診車的地方就是診間，而醫療巡迴點也自動成為最佳的共生社區場域。診所附近的協天宮廟埕，附近有衛福部的日間照顧中心、原民會的文健站、都蘭村衛生室，還有教會，本身就融合了各方資源，是最佳的共生社區場域，都蘭共生祭選在這裡舉辦真是再適合不過了。

開著行動出診車，廟口或穿堂都可以是診間。
（照片來源：余尚儒醫師授權）

讓象徵在宅醫療的都蘭診所遍地開花，讓每個鄉鎮都有自己的余醫師

儼然成為在宅醫療代表人物的余尚儒，也讓「都蘭診所」成為在宅醫療的代名詞。這幾年陸續有許多人來找余尚儒，希望與他合作，到他們的社區去開設「都蘭診所」，「但我只有一個人，這是不可能的；我的目的並不是把都蘭診所變成一個連鎖超市式的醫療體系，因為在宅醫療若要能夠解決民眾需求，一定要從在地長出來。」

但在宅醫療的精神和模式倒是可以學習，所以他非常樂意將這樣的經驗傳授出去，「歡迎派人來學，看診所怎麼經營、人際網絡怎麼建置、醫生有什麼需求、要怎麼做才能把人才和資源留住……。」

他特別強調如果想要在自己的社區裡推動「在宅醫療」，雖然診所醫師是不可或缺的一塊，但不一定要由醫師來發動，「你也可以當總管，找資金找人，在自己的社區裡開始一間『都蘭診所』，雇用在宅醫療醫生。可以想成這是一個社區專案，只要有人把必要的元素兜在一起就可以，所以一個關心社區、熟稔長照醫療體系的熱血民眾和單位組織也可以成為發動者和整合者。」

共生社區的ＫＰＩ：人際網絡的互助效果有沒有自主發展出來

余尚儒說，臺灣很多鄉鎮都有社區營造，也有很多政府經費的投入，然而「雖然沒錢不能辦事，但只靠錢來解決也可能是個問題。」因為在共生社區的四助中，當公助和共助的比例高時，互助和自助的比例就低，「共生社區最重要的ＫＰＩ就是人際網絡的互助效果有沒有自主發展出來。社區互助力是一種韌性，要持續培養、刺激、活化和維持，我們做的事情就是去促成和維持社區裡這種由下而上長出來的互助力，以個人為中心來發動，這和政府推動的社區營造基本上是有錢才做，沒錢就不做有很大不同。」

他強調互助網絡的打造大部分是利用很小的事情，但發動者（例如在宅醫療診所）要有意識地牽成，「例如有兩個獨居長者一個失能一個可以到處走，他們本來就是鄰居互相作伴，我們就告訴可以到處走的那一位要負責提供情報，例如那位失能的長輩有沒有哪裡痛、藥沒有了等等，光是提供這些情報對我們來說就已經是很大的價值，否則只能等到我去巡診或是週末子女帶他來，很多問題都惡化了。我們請有能力的鄰居協助去看某某某，給他一個社區保健員的榮譽職，或是跟他說謝謝你，今天打針不收你錢來鼓勵他等，讓他以後會記得幫我們注意，這也就是運用不同手段去操作出互助網絡。醫療是很好用的一種方式，其他在地組織如農會、教會、寺廟也都可以，就看他們有沒有這樣的意識並願意付諸行動，很多單位都可以是共生社區的發動者。」

他還大膽建議，要讓不同部會所提供的資源在社區裡被好好地整合和運用，而不是像現在一樣呈現多頭馬車、疊床架屋，政府應該從行政院的層級制定「合作型的ＫＰＩ」，「如果不同部會一起做就加分，越是各做各的，就砍掉，強迫合作，久了就會成為一種文化。就像是一個企業集團下面有不同的子公司，應該是鼓勵他們資源互相搭配運用，發揮最大戰力，而不是彼此競爭。」

讓醫療與長照無縫接軌，成立「陪你回家協會」

從任職嘉義基督教醫院時期，到創辦都蘭診所，余尚儒和他的團隊一直都走在時代的最前端，用最落地的方式去實驗如何讓「醫療手段」成為社區居民活到人生最後的幸福推手，而不是讓臨終充滿痛苦的劊子手。他們也發現臺灣長期太過倚重醫療資源所導致的照顧斷裂危機，而只有診所提供預防或緊急的醫療服務，並不足以協助病人完成好好在社區終老的心願。

「醫療和長照一定要充分整合才行，這點在社區的場域中更加重要。不管是去醫院看醫生，還是醫生到家裡來，時間都非常有限，其他的時間還是回歸到各種非醫療資源的支援，包括家庭、鄰居和社區中各式各樣的資源。」因此，為了讓醫療可以更好地銜接後續的長照居家服務，余尚儒和家屬們成立了「都蘭診所陪你回家協會」。

協會官網寫著：「在一個醫療資源、專業資源相對缺乏的地方，充分感受到『互助合作』的重要性。更深刻體會到，在宅醫療不只是醫療，而是一種整體力量的營造，政府計畫力量有限，結合民間創造量能無限；近幾年來辦理診所祭，尤其一〇九年我們演了一齣名為《陪你回家》的短戲，這四個字簡單明瞭，說出社區長輩的期望，說明診所的任務所在。為了讓更多社區夥伴參與，協助在宅醫療的服務，希望團結大家，於是，一一〇年四月，我們成立『都蘭診所陪你回家協會』。」[5]

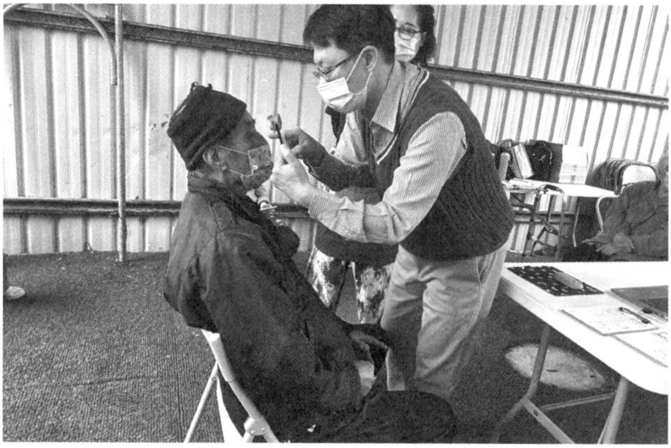

余醫師出診。
（照片來源：余尚儒醫師）

「回家」是一劑良藥，只要用心陪伴就能讓長輩重展笑顏

余尚儒的賢內助五十嵐祐紀子是他投身在宅醫療和共生社區推動不可或缺的重要夥伴。我很喜歡人稱「醫師娘」的祐紀子分享的一個小故事：

「在我們照顧的長輩中有一位輕微失智的原住民奶奶，平常見到她總是不說話，兩眼無神，好像什麼事都引不起她的興趣。我問她有沒有想要做的事情，她看著我說：『我想要回家。』她說的家是她的娘家，我們以為那個家很遠，但其實只是在隔壁的山頭而已。也許是因為家人工作繁忙，或是沒有適合的交通工具，總之這個看似簡單而微小的心願，對她卻比登天還難，多年來一直無法實現。

「因此我們決定替她圓夢：帶她回家。當我們告訴她我們決定哪一天要帶她回家時，她整個人都活起來了，眼神開始閃露出光芒。要回家的前幾天她就開始做料理，因為要帶自己的拿手好菜回家和家人分享。當天一大早就起床，慎重其事地穿上她最漂亮的傳統服裝，等著我們帶她回家。

「她的開關好像被打開了，一路上說個不停，窗外的遠山、近處的風景，都有她的回憶和故事。回到老家的村莊，看到許久不見的族人和親友，她更加高興，一群老朋友手拉手就開始唱起原民歌謠！當時在場的每個人都好感動，連她的孩子都說從來沒有看過媽媽

的這一面！他們原本都以為媽媽已經不行了！」

這個故事說明了「家」真的是陪伴一個人好好生活到最後、最重要的場域。這個「家」，狹義上是指我們生活的住宅和身邊的家人，廣義的定義其實就是我們所屬的社區。因此在社區中建構可以支持每個人感到自在安心、活出自我、有尊嚴地生活到最後的體系，就是在宅醫療和共生社區最重要的意義。余尚儒和他的團隊，正透過都蘭診所和陪你回家協會讓醫療與長照體系無縫接軌，用更多的實證與經驗，寫出屬於臺灣自己的在宅醫療和共生社區故事。

共生五力分析	
開放參與	都蘭診所的診間無所不在，除了診所本身、巡迴醫療點，舉凡廟口、學校穿堂、私人空間都可以作為看診地點，而且對社區裡所有人開放，積極促成醫療長照的無縫接軌，經常舉辦各種大小活動鼓勵民眾參與，培養健康意識。
自主價值	在宅醫療全面性地看待客戶的生活狀況和醫療需求，然後制定適合的目標，並找出最可行的方式來達成，很多時候是透過連結非醫療的社區資源，讓患者重新找到生命的活力與價值，例如帶失智長輩回老家，重燃她對生命的期望。

互助網絡	都蘭診所認為，「在宅醫療」是打造共生社區一種絕佳的介入方式和手段，其目的在促成和激發社區裡由下而上地長出人與人之間互相信任、自主交流的互助網絡。會利用各種機會去深化人與人之間的關係，促成各種有意識或無意識的連結，以利形成互助網絡。
多代多元共融	都蘭診所在社區的推動強調跨代參與，在診所共生祭的現場有長輩、小孩、外籍配偶和看護工、漢人、原住民，不分年齡、文化背景、種族語言，大家一起參與。
永續生活	余尚儒在他的書中提到：在宅醫療就像是一部行動醫院巴士，一天拜訪八個個案就減少八位家屬請假、帶家人往返醫院的時間和交通成本，也確保不會有人因為就醫不便就自我放棄診療的機會，造成病情惡化，導致後續更多的花費。在宅醫療對醫療提供單位來說成本是相對高的，但對於社會整體來說卻是成本較低的，可大量減少社會的時間和交通成本，進而也減少了能源的消耗，因此在能源珍貴的時代，發展在宅醫療可以同時滿足政府、民眾和專業團體的期待，是超高齡社會能源珍貴時代中誕生的「第三種醫療」，而且更環保、更永續。[6]

Deborah 的心得

二〇二四年七月健保署推動的「在宅急症照護試辦計畫」正式上路，開啟了臺灣「在宅住院」的道路，讓在宅醫療的服務可以更到位也更全面，一手協助發展並參與試行計畫的余尚儒更對其寄予厚望，強調這是臺灣在宅醫療的重要里程碑，「如果在宅醫療是智慧型手機，那在宅住院就是功能升級的Apple手機……其實稱為HaH（Hospital at Home）的在宅住院在歐美日本早就實行多年，很多病症在宅住院的效果明顯優於傳統住院。」

這讓我想到約莫十年前我曾經去聽一場演講，是一個丹麥的廠商介紹機構和醫院裡的移位設備，能同時讓被照顧者不會因為錯誤的照顧動作而痛苦，也讓提供照顧者較不會因為搬動病人不當而受傷，但價格不便宜，當時許多與會者都說，臺灣人工這麼便宜，當然還是請人比較合理，不會花錢購買。但讓我印象深刻的是演講者說，在照顧機構裡使用這些設備被認為是照顧者和被照顧者的「人權」，所以是受到法律保障的，許多歐美國家已經這樣做了幾十年！如今臺灣這幾年缺工嚴重，很多照顧機構都人力短缺，看護也很難找，我懷疑大家現在還是覺得用人工比較便宜嗎？另一個是這些做法初期的投資看起來似乎比較高，但因為被照顧者會因照顧得當而增加復原的機會或擁有較好的生活品質，工作人員會因為工作環境改善導致留任率提高，兩者的滿意度都會提升，因此對於使用單位來說，其整體效益和最終成本其實是相對低的。

大家不願意輕易改變觀念或做法可能和臺灣的「優質」健保有關。因為臺灣的健保一直以來強調好用、平價，造成我們對於很多既定制度不太願意打破或改變，就算是成本已經變高或是使用者設定早已不合時宜，以醫院來照顧衰弱為主的長者就是一例。醫院原本的設定是為了治療急重症，所以有很多先進的設備和儀器，分科很細，每個醫生都擁有單一科別的專業，但很多長輩身上有多重慢性病，專科醫師多只會從自己擅長的單一病症切入，處理急重症沒問題，但整體來說卻可能會見樹不見林，治標不治本，所以很多長輩會去同一個醫院看很多科，或是在不同醫院看同一科，經常造成重複用藥，或只是一直去看病拿藥，一旦急重症狀況解除，長輩整體的健康狀況並沒有因此提升。

還有，臺灣的陪看病文化為什麼這麼盛行？真的是因為長輩聽不懂醫生在說什麼，所以子女一定要陪著去？我倒覺得其實是醫院太像迷宮，除非去急診，否則光是要會掛號的門檻就很高，去看病之前得先知道自己要掛哪一科，否則也沒人告訴你。看完門診如果還要抽血檢查照X光，可能要在不同樓層間跑來跑去，疲於奔命，一個手腳不方便的長輩看個病不要說交通奔波，進了醫院也是折騰。老實說我剛從國外回來臺灣的前幾年，每次去醫院看病都看得我暈頭轉向，想想老人家要怎麼應付？

這幾年不管是自己或身邊的朋友都來到了照顧父母的年紀，每個人談到陪父母看病的經驗都是一肚子苦水，讓我益發覺得：唯有我家附近有可以提供整合照顧的在宅醫療診所，我才能期望家人和自己可以在現在的社區裡安享晚年！

臺灣健保的花費如此之高是因為有太多無效醫療和過度醫療，我曾經聽過一個數據：全民健保每年醫療支出五千餘億新臺幣，近三成花在被保險人去世前三到五個月，表示每年有一千六百多億是花在臨終前的醫療，卻未能改變結果[7]；去看病一定要拿藥，但拿了又不一定服用，造成每年丟棄的藥品高達一百三十六公噸，相當於五座臺北一〇一！[8]

訪問余尚儒時，我突發奇想問他：臺灣健保多年來培養出許多優秀的醫師，接下來應該有不少從大醫院退休的醫師，他們有沒有機會轉換成在宅醫療的人力？這一點余尚儒比較保留，他說在宅醫療和醫院醫療的思維完全不同，但臺灣的醫學教育幾乎不教這一塊，「很多退休的大醫院醫生，其實是溫室中的醫生，他們離開醫院就不知道該怎麼辦，根本無法到社區去做在宅醫療。」

所以他說在宅醫療的投入人力目前還是期待「有理想」的年輕熱血醫生，但如果希望他們持續服務，政策上需要增加利多與誘因，例如偏鄉要租或買房子其實很困難，「一個願意下鄉服務的醫師，卻只能長期租用民宿或住在國小改建的宿舍裡，這樣他們怎麼會願意去？又怎麼會待得久？」余尚儒說他很希望政府從政策端多多思考這些事情，「看到六都到處都在蓋社宅，那偏鄉人民的居住正義和公平性呢？」

臺灣的醫療體系和醫師訓練，其實也都需要因應人口高齡化做出改變。余尚儒的書中提到北海道夕張市，高齡人口高達四十七％，卻連一家大型醫院都沒有。他們如何在「醫療崩壞」之後翻轉思維，反而打造出一個高齡人口多但長壽且快樂的都市？非常推薦大家去看《沒有醫院之後：最高齡城市快樂生活的祕密》這一本書。

雖然這幾年有越來越多的醫療機構和醫生投入在宅醫療行列，包括宜蘭和臺東的聖母醫院體系、臺南奇美醫院，還有臺北市聯合醫院體系的黃勝堅、於臺北個人開業的行一診所張凱評、宜蘭維揚診所陳英詔等……但一般民眾對在宅醫療的認知仍低，不知道去哪裡尋找資源，不知道如何請他們介入或介入的時間點為何，再加上政府長照專線一九六六的照顧管理專員也不特別將在宅醫療列入整體評估，所以如何發展在宅醫療，串聯進入共生社區的體系中，真是刻不容緩，需要更多努力。

案例
9

臺中伯拉罕共生基地：林依瑩

前副市長跑到部落當居服員，從零開始打造臺灣第一個原鄉共生基地

初秋時分，感覺還是有點熱，但山上的藍天白雲如此美麗，空氣如此清新，微風徐徐吹來，身心頓時感到十分舒暢。二〇二二年十月我再次來到大安溪畔達觀部落的伯拉罕共生基地，這次驚喜發現基地所在的育英街巷口，開了部落有史以來的第一家便利商店，每天叮咚叮咚地開門聲，聽起來好不熱鬧；而從便利商店走過去不到一分鐘可達的伯拉罕共生基地，每天人來人往，讓這個十字路口儼然成為達觀部落新的「市中心」。

走進伯拉罕共生基地，我二〇一八年第一次來時荒涼、雜草叢生的模樣已完全改變。只見一群長輩坐在廣場的桌子旁，一邊閒聊、一邊整理雞蛋，他們有幾位是失智長者，但一樣可以幫忙，旁邊有幾個小朋友在玩老鷹抓小雞，走過雞舍，裡面有幾位來自

國外的志工在工作人員的引導下正和雞群互動。我順著樓梯爬上重修後的泰雅工坊二樓，一邊眺望遠處美麗的山景，一邊看到眼前多元而豐富的社區風景……心想：果真是一切事在人為！

回想二〇一八年我第一次到這個地方拜訪林依瑩，她指著社區裡一棟兩層樓房和旁邊滿是荒煙蔓草的空地，興奮地說：「我們已經把這個地方租下來了。要把這裡打造成一個小孩、老人、身障者、單親媽媽，任何人都能來、都會感到幸福的共生基地！」那時候在場的人，包括我在內，大概沒幾個人真正了解林依瑩所謂的共生基地到底長什麼樣子，但林依瑩的心中早有清楚的藍圖和願景，就等著一步步實踐。

養雞當復健！將荒廢空間整理成部落生活美術館，把長照帶入生活中

日本私設公民館的倡議者、《一階革命》作者田中元子熱衷打造社區的一樓，因為她認為一個開放參與的一樓，是最可以展現社區風貌的地方。而伯拉罕共生基地就是達觀部落最引人注目的私設公民館，硬體＋軟體＋溝通的共生三要素，在此充分展現。

Plahan（伯拉罕）在泰雅族語中是「烤火、互助、興旺」的意思。伯拉罕共生基地從

一棟兩層樓的閒置空間開始，還沒正式啟用就先邀請住在部落的藝術家潘守誠打造了一個象徵送餐的摩托車裝置藝術擺在門口，接著放上由耆老命名的 Plahan 及其 logo，讓路過的人開始注意到這裡的變化。

養雞是伯拉罕共生基地最吸睛也最有成效的作為。看到養雞對英國長者在照顧上產生的正面影響，伯拉罕與「食二糧」④展開「友雞計畫」，教長輩在部落裡用自然無毒的方式養雞取蛋。基地的雞舍完全沒有味道，而且成了觀光景點，只要有人來參觀，工作人員一定熱情地招呼大家可以進來看看雞喔！可以抱抱牠們摸摸牠們！許多一輩子只吃過雞肉沒摸過雞的企業志工和小朋友，第一次近距離接觸到雞就是在伯拉罕；行動不便的青年吳俊中因為家裡沒有辦法蓋雞舍，基地就畫一塊地成為他的專屬雞舍，每天來這裡和雞說話、彼此陪伴成了他的生活重心。

不遠處喜德阿公拄著拐杖慢慢走進來，並和每個人熱情地打招呼，儘管行動有些不便，但完全不影響他的好心情，他是這裡的養雞冠軍，今天又是來「領獎」。他參與基地

④食二糧創立於二〇一四年，創辦人楊環靜曾是旅遊作家，從傳統市場的體察到農村生活的體驗中，她發現友雞的力量不只能保護環境、促進食品安全，還能減輕高齡化社會壓力，於是創辦食二糧，期許透過友雞的力量，讓母雞快樂生活，並幫忙串聯人與人，人與土地和動物間的關係，改變工業化發展後的疏離，建立起彼此間的良善關係，讓人們因友雞獲得健康與幸福。（內容出自食二糧官網）

的「友雞計畫」，在家裡開始養雞，從一開始不確定到現在變成專家，每天對雞又是按摩，又是情話綿綿、呵護備至，就是為了讓母雞開心多下蛋，讓他成了部落的養雞常勝軍，這些雞成了名副其實的「金雞母」，「還讓我的小孫子暑假自願來幫我養雞，賺零用錢呢！」喜德阿公的養雞故事被媒體深度報導，還得到「銀響力新聞獎」[5]首獎。

其他行動不便或失智的長輩，也每天都來基地幫忙洗蛋、擦蛋，因為蛋很脆弱，所以整理起來要很小心，把蛋擺進蛋盒前要先撒穀粒在底部，這些都需要用到手指的力量，刺激末梢神經，對他們來說是最佳復健。

規格比較一致的蛋會被放進蛋盒中賣掉；賣相不佳的做成蛋捲出售，或直接當食材煮掉，無論哪一種做法獲得的收入都成了部落公益晚餐的經濟來源，讓部落更多的長輩和小朋友有新鮮營養的晚餐可吃，也讓年輕人可以安心工作，取得更好的收入。身障者、失能者、

長輩們會來到基地撿蛋當復健。

失智者、社區居民、企業志工、學生志工……每個人在這個循環中都善盡一己之力，高度重現了自我價值，也充分展現了「每個人在社區裡都有角色」的共生社區價值。

而在這個原來滿是雜草的荒廢空間，結合串門子社會設計的規畫和文化部的支持，將這個戶外空間打造成一個讓人可以放鬆的「部落生活美術館」，包括在雞舍旁增設的「友雞故事館」，用圖文並茂的方式讓來參觀的人清楚了解到養雞對於社區生活，尤其是長者的助益，它的高附加價值和魅力，已經有不少組織來這裡觀摩學習後，將養雞共好的模式帶回他們的社區。

六年多來經過不同單位來此參與及努力，慢慢將這裡變成社區裡最令人心曠神怡的地方。在營造環境的時候也營造了人心，最早是朝陽科技大學的學生暑假來此實習，開始協助整理環境，基地的開幕式就是同學暑期實習的成果展，他們深刻感受到自己兩個多月來的辛苦如何具體化為美麗的果實，這份感動在他們心中種下美好的種子，將影響他們一輩子！後來有實習同學畢業後就選擇來到伯拉罕工作。

雞舍旁有藝術家潘守誠融合了泰雅傳說和故事重新修建的「泰雅工坊」，爬上工坊二

---

⑤「銀響力新聞獎」從民國一〇九年起，由弘道老人福利基金會發起推動，希望鼓勵媒體以「提供解方」的角度，報導更多元、正向的高齡議題；同時，透過媒體傳播能量，引領社會大眾邁向友善高齡社會。（內容出自銀響力新聞獎官網）

樓，春天時可以看到滿山櫻花，冬天時聖誕紅綻放，孩子們在下面奔跑嬉鬧，大人長輩閒坐其中，一邊整理雞蛋一邊聊天；遠處則是重新整理的全齡香草菜園，透過香草植物，療癒人心，是多元照顧的一環。

旁邊博屋瑪國小的同學經常到基地來進行校外教學，多代多元的共融景象，時時刻刻在此上演。養雞撿蛋、澆水種菜、陪伴互動是每日的生活樣貌，這裡成了部落裡大家最喜歡來的地方，每年的友雞運動會，大人小孩齊聚一堂的歡樂場面，成了社區裡最令人期待的一天！

用泰雅傳說和故事修建成的「泰雅工坊」。

高齡領域專家走進偏鄉，從零催生出臺灣最具代表性的共生社區

二〇〇七年三十二歲就接掌弘道老人福利基金會執行長的林依瑩，為了突顯「照顧」不應是老年生活的主軸，大膽開啟了至今仍為人津津樂道的「不老騎士」計畫，她首開風

氣帶了十七位平均年齡八十一歲的長者，用十三天的時間騎機車環島，並製作成紀錄片《不老騎士—歐兜邁環台日記》全球發行，這部片刷新了許多人對老年人的刻板印象，也讓許多長者重新找回自我價值，所到之處都帶起一陣「不老旋風」！

十年後，二〇一七年臺灣政府正式推動長照二．〇，時任臺中市副市長的林依瑩再次走到人生轉捩點。因為一次業務訪視來到臺中市和平區參訪臺灣第一座原民實驗學校博屋瑪國小，兩天後她決定舉家搬到達觀部落，以求讓三個孩子能就讀這所學校，儘管每天來回臺中市區通勤時間因此長達兩個多小時，她依然不辭辛勞，「因為我太喜歡這裡的環境和包含原民文化融合的課程設計了！」決定仿效孟母三遷，一家五口搬到原鄉，這個與她過往背景毫無關聯的舉動，竟催生了現今臺灣最具實驗性和代表性的共生社區。

搬家一年後，林依瑩從副市長位子退下來，忽然間失業的她第一件事就是去考照顧服務員證照，「其實我一直很想當照服員，但始終沒有機會，這對我來說是圓夢啊！」拿到證照當起照服員，她也是很拚，任何困難的案子她都不推辭，「因為越是困難、複雜、遙遠的個案，越要去實作和了解。」在原鄉部落當照服員，不但讓她有機會走入民家，親身看到政策推展到了民眾端時所發生的落差與困境；原鄉的生活、文化和資源條件也和她一直以來熟悉的漢人、都會型文化大相徑庭，讓她有機會從不同的視角去看到，多元族群要如何在臺灣這塊土地上共生共融。

她把每天的照顧工作和偏鄉生活當成替臺灣長照制度把脈的機會，親自去了解為什麼從中央開始的長照政策落實到地方時會有這麼多的挑戰？為什麼本來應該要讓大家感到幸福的長照二．〇政策，到了民眾家裡卻讓人覺得不好用？為什麼立意良好的各種服務項目設計卻反而是疊床架屋，讓工作人員的行政工作量大幅增加與虛耗，每個人都叫苦連天？

創建照服員合作社，將部落互助精神發揮到極致

長照二．〇政策造成長照服務大爆發，許多長照機構如雨後春筍般出現，「但這樣的爆發性成長並沒有出現在原鄉」，林依瑩指出。

她拿出資料進一步說明：和平區是臺中市面積最大、人口最少、人口密度最低的市轄區，在全國所有鄉、鎮、縣轄市、市轄區中，面積為全國第四，二〇一八年人口約一萬零九百多人，但達觀社區周邊只有不到五位照服員服務七位長者，總服務給付額度不到三萬元，平均每位照服員薪資大約每月僅有六千元。但以和平區法定高齡者（包括五十五歲以上原住民）共計兩千三百九十七人，推估和平區長照需求者為五百七十四人，「因此需要更多服務提供者來提供服務、滿足需求。原鄉的長照量能實在太低了，最主要的原因就是沒有提供照顧的人力。」

她還說，一直以來部落在發展上面臨種種挑戰，例如：長照服務大部分由山下的東勢平地人提供，因為交通成本、文化和語言差異等，很難維持、效果有限；制式的長照服務設計很難彈性調整照顧方式或頻率，無法形成照顧網絡，且部落本身的支持體系薄弱……都是原鄉長照服務難以深耕的困境。

但這些沉痾在林依瑩眼裡統統成了機會。她不但自己當照服員，也不斷鼓勵身邊的部落朋友考照服員證照，「其實在原鄉部落，大家多少都是親戚，關係密切，長輩也都希望讓最熟悉的族人相互照顧，非常適合發展居家照顧服務。但因為過往照服員培訓課程沒有在原鄉開辦，他們下山去上課所花的時間和交通成本很高，所以考照的人很少。」

二〇一八年她集結了大安溪、大甲溪沿岸不同的教會組織和在地協會，共同邀請外部單位來到部落開辦照服員培訓班，陸續辦了七期，培訓上百人。培訓內容捨棄傳統教考照的補習班授課方式，而是把這些像白紙一樣的人當成絕佳的培育機會，「目的不只是幫他們拿到證照而已，而是讓他們從零開始學習最新最正確的照顧觀念和技巧。」從國內外聘請專業講師帶領工作坊，把日本的自立支援、多職種跨領域合作、荷蘭走動式照顧、臺灣自創的 All-in-One（簡稱 AIO）照顧模式（參見p.234）等觀念教給學員，並搭配醫師、護理師、治療師等手把手地教傷口護理、移位復能等照顧技巧；融合林依瑩過往對於行政資源和政策推動的了解，在泰雅原鄉掀起了一股照服員學習的熱潮。

為了讓服務永續，林依瑩創辦了臺灣第一個以照服員為主體的「伯拉罕共生照顧勞動合作社」，現有六十名左右的照服員，服務超過三百位個案。透過推展居家和社區照顧模式，他們建立起一個以「互助精神」為基礎的綿密照顧網絡，創造了多個長照個案翻轉的奇蹟。

翻轉長照服務模式，打造出「奇蹟」般的重症照顧案例

二〇二〇年我和幾個夥伴到和平部落和長輩一起過聖誕節，並拜訪了住在教會旁、我們都叫他「伯山爺爺」的林伯山。伯山爺爺的故事現在已經是從機構成功返家的長照經典案例。為人風趣幽默的伯山爺爺因為一個小感冒被送進醫院，緊接著接受氣切後還被插了鼻胃管，然後直接轉進護理之家，意識相當清楚的伯山爺爺從此失去行動自由，只能每天望著床頂的那片天花板發呆，內心感到十分絕望，「我第一次去看他時，他已經在機構住了一年，他直接用手寫下『太累了不想活！』幾個字。我看了真的很捨不得，下定決心一定要幫伯山爺爺完成返家的心願。」林依瑩說。

臺灣的居家長照服務不包括二十四小時照顧，除非自己花錢，很多住院的長輩出院後只能被送到機構裡照顧，就是因為家人沒有能力把他們接回家來全天候照顧。但他們一定要長期住在機構裡嗎？大部分並不需要。如果能夠掌握好出院準備的黃金復原期，並以正確的照

顧方式解除對管路或維生設備的依賴，很多長期住在機構裡的重症患者其實都有機會可以返家；只是返家之後，家庭和社區也要有完整的支持網絡才可以讓他們持續住在家中安老。

以伯山爺爺為例，當時失能等級被評為八級⑥的伯山爺爺要成功返家，除了設置好家中的照顧環境，最重要是要組成一支結合居家醫療、居家護理和居家服務的二十四小時、跨職種專業照顧團隊。在宅醫療的醫師負責評估出院的條件和照顧需求，然後交由社區護理師結合照服員來執行。伯山爺爺一開始返家時需要每兩小時抽痰一次，因此林依瑩希望照服員去上課拿抽痰證照，才能輪班照顧，「但我第一次問的時候，現場一片靜默，沒有人有勇氣接受這個挑戰。」後來終於有人發聲，大家才相繼參與。現在伯拉罕照服員團隊中有三十位有抽痰照顧的證照，不但增加了重症照顧的能力，也讓他們對於自己的照顧專業信心大增。

趕著在伯山爺爺預定返家前，有七八個照服員拿到了抽痰證照，可以組成二十四小時照顧團隊。但有了證照也不表示就真的能上戰場打仗。除了讓照服員二十四小時排班住在爺爺家中，經驗豐富的社區護理師梁娟娟也在伯山爺爺返家的前三天住在爺爺家裡，一方面

⑥根據「長期照顧服務法」的定義，失能者是指生理或心智上部分或全部功能喪失，進而導致生活起居需要由照顧者協助才能維持者。失能等級則是指根據失能者在日常生活活動（ADL）和工具性日常生活活動（IADL）上的表現，分成八個等級，從一級到八級，數字越大表示失能程度越高。

隨時掌握爺爺的狀況，和醫師家屬保持溝通，也確認照服員的照顧方式和抽痰技巧的正確性。

透過這樣跨職種合作和綿密的照顧設計，加上伯山爺爺自己強烈的求生意志，「一週我們就拔除鼻胃管，四十天移除氣切管，兩個多月爺爺就完成了心願：自己爬樓梯、走上二樓去參加教會聚會！伯山爺爺因此成了伯拉罕創新長照服務的最佳代言人，每天都到社區去鼓勵其他人。」

如今雖然伯山爺爺已經過世了，但他成功返家的案例登上了國際期刊和許多臺灣媒體，給了伯拉罕照顧團隊和許多人莫大鼓勵，讓他們相信：翻轉長照是做得到的！而這樣的故事還不斷地在伯拉罕共生社區上演著。

結合所學不斷打破框架，為高齡服務謀求可落地的新出路

大學念的是合作經濟，碩士論文寫的是志工服務時間銀行，林依瑩把過往的學習和觀念充分落實在伯拉罕的高齡服務設計中。例如把時間銀行志工服務的理念融入照服員的排班方式中，讓照服員自願參與，以團隊的方式來實驗二十四小時排班服務的可行性，這樣一來可以有效提供不間斷的服務，又可減輕患者的財務負擔，他們自己在需要時也可以用這些時數得到協助。因為部落原本就有深厚的互助文化，因此「我們一把問題丟出來，都會有照服

員舉手，表示願意去排班幫忙，這在我以往待過的醫療和長照機構是絕對看不到的事情。」返鄉服務的年輕護理師江湘寧〔Kagaw Yuzi（Tayal）〕曾經在接受媒體訪問時談到。[1]

伯拉罕共生基地一方面善用部落緊密的家族和人際關係，建立脣齒相依的互助網絡；一方面積極鼓勵年輕人回鄉擔任照服員，兼職者一個月賺兩、三萬元不是問題，認真做一個月可以有六、七萬收入，得到就業機會也能就近照顧家人。合作社目前的照顧人力中超過五十六%是原民背景，來自六個不同族群，而且平均年齡相當年輕，「我們的照顧服務員已陸續生了十五個寶寶！」他們用實際行動改寫了居家長照服務無法提供二十四小時服務，或是原鄉服務量能太低的現有狀況，展現了AIO照顧模式的價值和可行性。如今他們已經服務了三十一個居家不限時間的個案，持續用實證經驗充實政策建言的內容。

三年多來，伯拉罕的照服員人數和服務個案都大幅增加，目前服務大安溪和大甲溪畔的十個部落；並在二〇二一年開啟「雙大安」計畫，雙大安指臺中的大安溪和臺北的大安區，希望把原鄉的長照經驗帶到都會區，透過小型的實驗計畫，找出適合都會區的共生照顧模式。計畫也設計讓照服員跨縣市服務，可以一邊旅行一邊工作，甚至到日本去研修實習兩年，提高了年輕人投入的誘因。

其他社區和原民部落紛紛來此取經，二〇二四年他們開啟在臺中和平區後山「大梨山」部落（松茂、佳陽、梨山、環山部落）的推動計畫，協助進行照服員培訓，期望能協助他們打造永續的服務模式，並建立像伯拉罕共生基地這樣的共生社區。

為了持續提升長照人才培育的質與量，林依瑩於二〇二一年效法Teach for Taiwan（「為台灣而教」教育基金會簡稱TFT）為偏鄉教育尋找年輕人投入的模式，在臺中烏日開辦了Care for Taiwan（CFT照顧學校），希望透過有系統的教案整理和編寫，以及對接國際、強調以人為本的新型態照服員培訓課程等，讓伯拉罕得以翻轉長照的AIO模式讓更多人熟悉，也讓更多單位採行，以持續培養涵蓋生理（身體）、社會、心理及經濟層面，提供整合性健康照護，擁有「全人照護」能力的專業長照服務人員，從點到面擴大影響力。

林依瑩與中風個案比腕力。（照片來源：林依瑩）

在地人紛紛響應，退休警察捐出自宅打造部落健身房

退休警察葉明德二〇二三年初遭遇嚴重車禍，「我去醫院看他時，他是靠維生機器才保住性命」，林依瑩哽咽說道。葉明德自己分享，他當時雖然全身不能動，看起來是昏迷的狀態，但其實他可以聽得到外面的聲音，「醫生說我沒有呼吸，怎麼會？我以為我在呼吸啊?!原來我是靠著機器才活著！」所以連躺在床上他都開始訓練自己呼吸，「一口一口，重新學習呼吸，一定要讓我的肺部重新動起來，醫生下次來看我，我要能夠自主呼吸才行。」

「能夠自主呼吸了，但醫生又說我下半身不能動了、半身不遂……這樣不行！所以我就算躺在床上，也拚命鍛鍊自己的核心肌群，想像我正在運動，提起我的腿，一次一隻腳……。」

這是我聽過最匪夷所思但也最振奮人心的復健故事了！眼前這個完全不用任何助行設備、說話清楚，除了手指彎曲拿起水杯有點困難，其他看起來與常人無異的人，不到一年前才徘徊在鬼門關前，被醫師宣告沒救了。但葉明德靠著自己強大不服輸的意志力和家人的支持，克服了一切。「當時我老婆每天開一兩小時的車送我到臺中的醫院去做復健」，回家後持續艱辛而冗長的復健過程，總算換來了現在的狀態，但他因此深刻體會：往後的人生，復健是一輩子的事，一日不可偏廢！肌肉是用進廢退，所以要每天鍛鍊，才能保持。

「我也因此理解到部落的運動和復健資源非常不足。很多病人不像我有一個好太太，

可以天天接送我去復健，他們的家人沒有空帶他們去醫院做復健，或是開半天的車子到了醫院卻只能做四十分鐘，所以許多病人的術後回復狀況很差，變成要一直倚賴家人和輪椅，徒增長照負擔。但這是可以透過運動改變的！」因此在雪山坑經營露營區的他，決定把家裡閒置的組合屋捐出來成立「部落健身房」，讓更多人可以方便來此進行有效的復健、復能運動，或是養成健康生活、經常運動的好習慣，減少對長照服務的依賴。

從Local（在地）到Global（國際），伯拉罕持續發揮影響力

一個灑著和煦陽光的假日午後，我和其他五十位學員一起坐在達觀部落比度咖啡館參加工作坊。投影布幕前的講者是專程從日本來臺的「宅老所石井家」創辦人石井英寿先生，他正用一張張照片和影片，分享著他們最新的木構日間照顧中心「52間の縁側」（52間廊台）每天發生的動人故事，「52間の縁側」在有五千四百四十七件作品參賽的二〇二三年「日本好設計大獎」（Good Design Awards）中勇奪最高榮譽。

他也一邊述說著這二十年來他在千葉縣經營宅老所的經驗，不分老人、小孩或身障者，他的機構用包容與溫柔的方式，陪伴每一個有需要的人，包含他們陪伴許多長輩走完人生最後一程的點點滴滴，畫面中只見小孩子圍繞在剛剛離世的女性長輩身邊，溫柔地撫

摸她的臉龐與她告別，沒有害怕、沒有哭泣，是最自然的生命教育。

石井英寿的投影片中，沒有半張關於數字和管理宅老所的營運之道，而是一個個關於人的故事，闡述著陪伴的重要，「這就是他經營的心法！我第一次從線上聽到石井先生的分享，就心嚮往之。覺得他跳脫體制的限制，回歸以人為本的照顧，有很多值得參考和學習的地方。」林依瑩說。

終於等到疫情結束，伯拉罕特別邀請石井英寿來臺進行為期一週的臺灣訪察之旅。石井英寿在部落的兩天一夜，除了參觀部落的各式長照服務，也和在宅醫療醫師進到案家訪視，第二天晨起爬山，午餐享用部落原民美食，下午在咖啡廳舉辦工作坊。這和我們習以為常的國際專家來臺參加國際研討會的行程非常不同，更加有生活感。工作坊參加者來自全臺各地，不少人是當天一大早五點從臺北開車過來，先花了兩個鐘頭爬了有點難度的埋伏坪步道，午餐後緊接著上三小時的工作坊。然而，即便是這樣緊湊燒腦的行程，大家還是興致高昂、神采奕奕，彼此不斷熱絡討論著。

石井英寿說：「被當成專家邀請來臺灣分享，覺得有些慚愧，看到伯拉罕的許多作為，我深受啟發，你們有太多值得我們學習的地方了！回去以後我們也要帶著長輩開始養雞！」

在部落這七年來，林依瑩將過去二十多年投身高齡長照服務的各項經驗充分結合，以「伯拉罕」為名進行各項實驗，不斷創新，並用簡稱為「ＡＩＯ」的創新長照服務模式，將部落原有的互助精神發揮到極致，打造了臺灣最具代表性的共生社區。

每一個硬體設計、每一項軟體服務，在臺灣都堪稱創舉，屢獲媒體報導，其目的在融合部落的傳統文化和社區需求，以長照為軸互相嫁接、依序展開。這些片段逐漸為大家描繪出一個老得起也養得起的幸福高齡未來。

共生五力分析	
開放參與	伯拉罕共生基地透過空間設計，讓所有居民不限身分，都可以來這裡自在地使用與參與，現在社區裡很多活動都選在這裡舉行，已經成了社區居民生活的中心之一。
自主價值	伯拉罕共生基地和食二糧楊環靜老師合作，推動「友雞計畫」，讓養雞成為部落長輩追求自我價值、生活重心，甚至高齡就業的核心。
互助網絡	這是伯拉罕共生社區的基礎。透過強調全人、全時、全家、二十四小時不間斷服務，以「重症返家」個案打破所有關於長照既有的禁錮和想像。伯拉罕的互助網絡分成好幾層，以被照顧者的需求為中心，第一圈環繞著居家醫師、居家護理師、居家照顧服務員等專業組成的照顧團隊，由他們進行跨專業的評估和討論，從理解被照顧者最想要的目標開始，為他們和主要照顧者設計出

可行的照顧計畫；第二圈是善用原鄉部落把族人當成自己家人的傳統，將整個互助網絡的功能發揮到極致，化不可能為可能，因此創造了好幾個「照顧奇蹟」。

多代多元共融

伯拉罕共生基地不但是部落長照網絡的發動地和人才育成中心，基地外有泰雅工坊、友雞故事館和全齡香草菜園組成的「部落生活美術館」，充滿生活感，而且基地對所有人開放，提供不分障別的支持服務，沒有制式的課程設計，只有大人小孩一起撿蛋、擦蛋、共餐、嬉戲的景象，博屋瑪國小的學童固定來此和長輩互動，越來越多來自海內外的青年志工選擇來此打工換宿，體會原鄉生活的風情與面貌，盡情享受多世代共融生活的美好時光。

永續生活

伯拉罕的人才培育計畫是永續生活指標中最具代表性的一項。「整個部落都是我的家」、「部落的事就是我的事」是共生型照顧的核心精神。考量到部落裡之所以沒有辦法推展長照服務是因為沒有人，與其去外面找人，不如自己培育人才，因此伯拉罕共生計畫第一步就是長照人才培訓，從照服員到督導到長照教練，每個環節都花時間培養。部落完全沒有長照服務的劣勢，反而有從零開始打造的優勢，他們用最先進的照顧服務觀念和文化塑造，培育出一個個具有獨當一面、當責觀念的專業長照工作者。這些長照工作者很多是部落裡的年輕女孩，她們幾年下來生養了十五個寶寶，可見這份工作的確讓她們感到安心。擁有一份有尊嚴、有彈性的收入，還可陪伴家人，讓更多願意返鄉的年輕人留下來，也是人才與服務的永續。

Deborah 的心得

林依瑩是我接觸高齡領域的啟蒙者，因為她擔任弘道老人福利基金會執行長時，帶著紀錄片《不老騎士—歐兜邁環台日記》到美國進行「騎蹟之旅」，我們因此結識。這幾年看著她轉換角色，不管是在朝為官或在野從事服務，她始終不改其志，帶著從因為愛自己的阿嬤開始的那份關愛長輩的心，以及對於臺灣長照服務的許多期許，因著使命感和一股信念，一路向前衝，「臺灣老得太快了，我們要快點做，只要有做就有機會！」

在伯拉罕的推動中，有兩件事讓我很佩服：

一、**善用既有能量和資源，不急著批評或帶來新改變：**林依瑩在部落當照服員時，放下之前的執行長、副市長身段，用耆老給的泰雅族部落名Puyat走進原民長者的家中服務，翻身拍背、打掃清潔，事事親力親為，完全沒有包袱，許多人都不知道服務他們的是前副市長。但她從這些觀察和經驗中，深切掌握到部落的生活脈絡、人際關係以及痛點，才能挖掘出最真實的需求，找出最適合的解方。

二、**從居民最需要的服務開始，培育在地人才，才有機會創造生生不息的正向循環：**考量到部落之所以沒有辦法推展長照服務是因為沒有人，與其去外面找人，不如自己培育人才，因此伯拉罕的長照計畫第一步就是人才培訓，林依瑩把部落原本沒有長照人才的劣勢，做成了從零培育全新工作人力的優勢，讓這些工作者，雖然在偏鄉服務，但得到的是最先進的照顧服務和技巧，還有國際專家的心法分享。讓他們為能參與長照工作感到驕傲，有使命感，願意持續精進學習更多專業，一步步塑造出捨我其誰、當責的工作文化，以及「人人為我、我為人人」的照顧文化，讓部落居民不僅得到一份可以養家餬口的工作，更是投入一份有尊嚴有願景的職業生涯。

除了關心長者，林依瑩也很喜歡小孩，儘管是高齡產婦但她還是當了三寶媽，「如果不是因為工作繁忙，其實還想多生幾個」，孩子還小時，她參加各種活動幾乎都把他們帶在身邊，還有她舉家搬遷到山上也是為了孩子的教育。我每次和她相處，甚至到她家住幾天，看到她這麼忙碌，卻從來沒有對孩子大小聲過，總是用「溫柔而堅定」的話語和孩子溝通。

林依瑩說：「讓每個人都喜歡老才是長壽社會的終極目標。」我充分認同。這麼多年來，我看她用這股讓人感到心悅誠服、溫柔而堅定的力量領導眾人，不斷突破框架用新思維帶領高齡服務走出新的道路、持續往前邁進，我認識很多年輕人都是因為她的感召而投身長照高齡領域。

共生社區的基石是人際之間的信賴關係，而這來自於人與人間真誠有溫度的互動與陪伴。期許自己也能學習林依瑩，用溫柔而堅定的力量去觀察和營造身邊的人際和社區網絡，堅持信念，持續打造「讓每個人都有角色、每個人都幸福到老」的共生社區。

All-in-One（AIO）多元照顧模式簡介

簡稱AIO的All-in-One是林依瑩獨創的多元照顧模式。這個服務模式從林依瑩擔任弘道執行長時就開始進行實驗，在擔任臺中市副市長時適逢政府大力推動長照二·〇，也有機會結合一些官方的資源去做小規模的試行，例如出院返家服務。之所以想要推動這樣一個全人（暨全家）、全時（二十四小時）的整合式居家照護服務，是因為她看到當時一線居家服務人員只能因應政府的給付方式來提供破碎的照顧，無助於被照顧者盡快恢復健康或減輕家庭照顧者的負擔，居家服務甚至因此讓民眾覺得不好用，而紛紛以聘請外籍看護或送進養護機構來解決照顧需求。

以文中提到的林伯山為例，伯拉罕用AIO模式來照顧林伯山，強調是從個案的照顧目標來提供服務，而不是從長照可以提供的項目給付來看需求，前者才能做成一個串聯各種醫療和非醫療、全觀性的照顧計畫；後者則只是會使用到長照服務，但對於如何達到照顧目標並不明確，因此會一直使用服務時數，但結果可能並沒有改變（例如一直住在護理之家被照顧，並沒有辦法回返自己原來的生活）。

伯拉罕的AIO模式以復能照顧、讓重症返家為執行重點，以人為本來將各種資源進行串接和尋找新的照顧可能，高度整合居家醫療、居家照護、居家服務等服務，他們用一組在地照服員團隊服務一案家的方式，排班合力實施一天多次的走動式照顧。以長照二·〇四包服務⑦為基礎，但並不侷限於公費項目，也會整合相關醫療與社會福利服務，或協助搭配平價自費項目，減輕患者家庭負擔並維持日常運作。

AIO雖以居家服務為起點，但服務地點也不限於居家，可隨案主需求至醫院、社區等有助於患者恢復健康的場域；服務提供的形式上也不斷創造多元性，身障服務、就業服務或甚至透過友雞計畫，讓養雞成為一份工作而增加家庭經濟收入，或利用收集、整理雞蛋來為個案設計復能計畫。希望降低國人對外籍看護工及住宿型機構的需求，體現社區聚落共生照顧的真義，落實在地老化理念。[2]

⑦「照顧及專業服務」、「交通接送服務」、「輔具服務及居家無障礙環境改善服務」、「喘息服務」等四項補助。

案例
10

臺中好好園館：紀金山、紀鈞惟父子

不是養老院、不是安養中心，而是讓不同世代好好生活到老的幸福桃花源！

我又再次來到好好園館。早上從臺北搭自強號過來，不到兩個半鐘頭到沙鹿火車站，然後搭接駁車到園館不到十分鐘，真的比坐高鐵還方便。過去這八年多來，我到好好園館的次數多得數不清了，從好好園館主體建物還沒蓋起來，這裡只是放了幾個彩色貨櫃屋的網紅打卡景點，到現在園館的七層樓建築完成後，各種實驗計畫陸續展開，住民申請量多到已經在排隊……每次來都驚訝於它的轉變。

一到好好園館，只見創辦人紀金山教授和一位工作人員倚寧正陪著一位長輩聊天，他們親切地和我打招呼並介紹身邊這位「堪稱臺灣養老典範」的一〇一歲靳天申爺爺。靳天申正要去健身房，他說：「我剛住進來的時候走路還不是太方便，住進來後每天固定踩踩腳踏車、跑跑步，利用機器做些簡單的重量訓練，現在腳力強健很多，精神也變得很好。」

紀金山在一旁補充道，靳爺爺在園館的生活過得多采多姿，除了經常參加各種活動，有空時還會做韭菜盒子請其他住客吃，前一陣子眼睛還去開白內障，「對啊！我的家人本來反對，說我這麼老了，還開刀?!」但他卻覺得，自己還活著，為什麼不?!他像年輕人一樣，每天滑手機、看短影片。問他住在這裡最喜歡的事情是什麼？「我喜歡這裡有很多年輕人，感覺很有活力，每天都有人陪我玩，打麻將不怕三缺一啦！」

過去這幾年，我和各路朋友到好好園館參訪過無數次，也陪家人到好好園館短住過幾天，協助舉辦好好生活營，深度蒐集熟齡者對於老後生活的想像與回饋。從大家的討論中充分感受到：居住的確是老後生活相當重要的議題，只是現在關於老後居住的討論往往流於硬體的設計、環境的選擇，或著重長照的接軌，但其實熟齡者在空巢或退休後到需要長照服務前的「自立養老」歲月，需要的是「非關照顧，活出自我」的生活企劃，以及可協助實現這種生活企劃的支持力量。除了家人以外，紀金山認為：「我們需要重新建立穩固且陪伴我們到最後的社會網絡，這個網絡提供一種『類家人』的信任關係，支持我們安心生活、鼓勵我們發揮餘熱、持續貢獻、追求自我價值。身邊有這樣的社群，一個人一直到人生的盡頭都不會孤單害怕，人生也才會有樂趣和意義。」

而好好園館正以自己為同心圓的圓心，不斷地透過實踐與實驗向外傳達經驗與理念，發揮正向影響力。

好好園館——志在成為臺灣超高齡社會的居住創新基地

二〇一七年好好園館還只是好好聚落，一個因為散放著不同彩色貨櫃屋，被網紅追逐打卡而爆紅的文創景點，那時候初識紀金山，看著他指著眼前的一大片空地，談論自己打算如何打造心目中的人生桃花源——一個可以用來實驗各種高齡創新服務的附服務住宅，一方面覺得期待，畢竟這些想法我都只在國外參訪時聽過或看過，很開心看到臺灣已經有人動起來了；但也忍不住擔心：臺灣市場已經成熟了嗎？

畢竟在臺灣，除非是因為自己已經無法

好好園館外觀。
（照片來源：紀金山教授授權）

獨立生活，日常起居需要有人照顧，被親友非自願性地送進安養院或養護中心等機構，否則老後通常還是住在自己家；不然就是去養生村，養生村的入住者雖然是自願，但基本上住民必須生活可以自理，不能有嚴重疾病，同時因為每月所費不貲，因此入住者通常都是口袋深、想法較前衛的人，不少是從海外搬回臺灣居住的僑胞。

老後換個地方居住的需求如果真實存在，那理想的老後居住環境與生活到底應該長什麼樣子？需要什麼要件才能滿足呢？

不是養生村，不是養護機構，是附服務青銀共居宅

好好園館常常被加到各式各樣的養生村評比或介紹，紀金山不厭其煩地為媒體補充：「我們不是養生村，雖然我們這邊住的長輩都是自費；我們不是安養中心，雖然我們也會提供特別的照顧給需要的長輩。我們是附服務青銀共居宅。」他指出，好好園館的模式和近年來在日本非常流行的一種養老選項——附服務高齡住宅比較接近，差異點是更在乎加入年輕人活力。但在臺灣，一般人對這樣的概念仍相當陌生。

你可以把附服務住宅想成可以額外提供生活起居照顧的銀髮住宅（出售）或公寓（只租不賣），但對好好園館青銀共居宅來說，它還提供年輕管家服務，是以客戶為中心，提

供生活安排、照顧諮詢、實際支援等一條龍客製化服務，可以客製化到什麼程度呢？「例如居民中有行動不便的馬來西亞籍配偶得定期出境，我們的年輕管家就會陪同他一起出國。」

非典型教授用行動研究實現美好的老後生活

臺灣邁向超高齡社會的速度雖是全球第一，但許多人忽略了一個重要事實：臺灣的老人雖然變多地很快，但相對健康；而且，我們不是老年的時間變長了，是中（壯）年的時間變長了。從數據看，臺灣的百歲人瑞二〇二一年的統計是四千七百二十一位，相較於十年前的一千四百八十九位，十年間成長超過三倍。而臺灣超過四百萬的六十五歲以上人口中，約七成是生活可以完全自理的健康長者，另有十七％是身心有衰弱問題或有慢性病的亞健康狀態，只有十三％是失能者，但其中並非全部是得長時間臥床照顧，而只是需要部分時間的照顧。

在靜宜大學社工系教授紀金山的眼裡，這些正大量出現的亞健康和失能長輩的生活與照顧需求是亟待創新服務的契機。為此，他決定提早退休，親自進入實地場域以行動研究方法來推動這場改變。這個關於臺灣老後生活樣態的發想，始於他在二〇〇五年進行的一個政府部門計畫，當時他有機會走訪全臺北市一百一十六家安養護機構訪談負責人，問到這些負責人老了是否願意住在自己的機構裡，「十個有九個會說最好不要！」這種回答讓他驚覺：如果連負責人都不願意住在自己的機構裡，那我們老後還有什麼好指望的？但他也意識到，「危機就是轉機！因為這是一個低度開發的市場，所以還有許多沒有被挖掘出來的需求與機會。」因此激起了他「自己的老年自己設計」的決心，決定從自己的社會學和社工專長出發，加上個人長年理財心得，號召了幾位志同道合的朋友，一起啟動打造人生桃花源的計畫。

用十年時間有計畫地創辦不同組織，透過實踐讓組織增能

紀金山笑說自己常被視為非典型的社工系教授，「我其實可以在研究室裡整理分析資料、發表論文，但我更希望藉由落地實踐的行動研究，自己設計、取得一手的軟硬體數據，同時透過觀察與分析，為臺灣超高齡社會提供真正的解方。」

胸懷遠大夢想的他，一路務實築夢，他先創辦名為「臺灣福氣社區關懷協會」的非營利組織，為日照和失智長輩提供優質的社區照顧，結果還提供了許多學生在地實習和就業的機會，開辦未久就做到財務平衡；但他研究後也發現：非營利的模式格局有限無法深

入，擴大後更難以永續，「總之，用過去的思維是無法解決未來問題的」。

他認為：「如果要和市場有效對接、擴大服務且做到永續經營，我們就不能仰賴政府補助。如果想快速動員社會資源，就要有清楚的價值和財務規劃，所以成立社會企業是可行的途徑。」所以他於二〇一四年決定創辦「有本股份有限公司」，靠自己招募股東，向銀行貸款，透過自有財務計畫讓發展得以有更多的彈性，堅定推動夢想中的附服務青銀共居宅。

有本公司第一步先設立了全臺第一個照顧咖啡館「有本生活坊」，利用巷弄中布置精巧可愛的咖啡館來串聯照顧需求與服務，作為長照二・〇的資源整合中介顧問，以提供一站式的申請服務，讓長照政策可以體現「看得到、找得到、用得到」的效果，果然大獲好評，從中央到各地方政府都來取經，也為臺灣長照二・〇設置個案管理師（員）[8]的制度提供重要參考。

圓夢主體「好好園館」於二〇二〇年落成啟用，是一棟地上六層地下一層的建築物，一樓和地下一樓都是公共空間，書店、咖啡館、餐廳，還有一個大會議空間，都可對外開放舉辦活動。二樓則是像月子中心一樣的短期復健樓層，提供給出院回家前生活不便的短期住戶；六樓和七樓為長青家園，主要給長租型和年租型的客人。為了親身進行實驗，紀金山自己和太太、兒子、母親、岳父岳母都搬進好好園館，工作、生活都在這裡，以社區居民的角色，思考和引導社區的發展。

三樓和五樓則是旅館層「好瓦文旅」，方便一般旅客、住戶的親友或參訪團住宿，這樣的設計，讓好好園館一直有外部活水注入而有新鮮氣息。當長住房住滿時，這個無障礙設計的旅店也成為有立即需求但等待入住者的緩衝房。

好好家族：打造「類家人」互助網絡，一種在高齡少子化夾擊的時代所發展出來的新家人關係

好好園館創造的附服務青銀共居宅是怎麼樣的共生社區解方？紀金山指出，現代社會中年長者生活有許多待填補的間隙，需要透過建立「有意義的連結」來填補障礙空間、世代隔閡、人際疏離、照顧事件等間隙，以超越空間的障礙與限制、時間的停滯與絕望、人間的冷漠與孤獨和生活的不便與照顧。（具體怎麼做可參考下一頁圖七）

「相對共老，我們年輕管家是很有價值的安排，這群具專業又年輕的工作夥伴有責信地提供源源不絕的活力、精神與服務，讓這裡的住戶，即使平日家人不在身邊時，還能有快樂健康和希望。」

---

⑧ 長照二·〇個案管理師（員）簡稱個管員，是一個能充分了解個案狀況，監督、指導、控制個案照顧資源的角色。

紀金山說臺灣快速超高齡化的兩大挑戰是「照顧」與「孤獨」，前者的挑戰在於如果僅由政府預算、民眾的少量積蓄和點狀的慈善服務來面對，勢必難以抵擋，重點是我們要如何提供有效照顧？後者則是指臺灣六十五歲以上長者獨居的比率高達十五%，獨居生活儘管自由自在，但風險也不少，我們如何避免孤獨之苦與獨居之危？

好好園館的運營目標是對應高齡社會「照顧」與「孤獨」的大量需求，紀金山進一步提出其背後獨特的二地居與好好家族的策略主張。二地居是為長者打開參與這種社會行動的能力與想像力，參與者不一定要馬上搬離現有的地方，也可能不用搬離，而是讓每個人在自己現有的居住場

圖七、用有意義的連結填補間隙

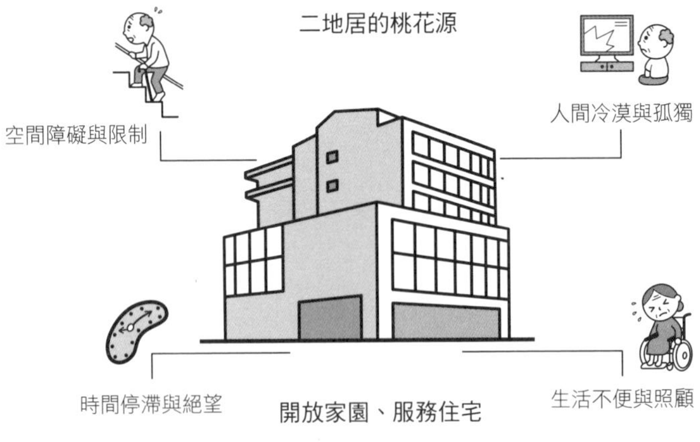

好好園館意在填補現代生活中空間、時間、人間、事間的間隙，建立「有意義的連結」。[1]

域外，有一個感到有歸屬感、心之所向的桃花源；好好家族則是每個人可因應上述照顧與孤獨的需求，自由加入而成為一個開放、負責、共生、互惠的有機人際網絡。

紀金山指出，住在園館的長輩，不少是像靳天申這樣的人，他們並不是沒有小孩，家人關係也不是不好，而是在社會變遷下，我們不能指望孩子一直留在身邊，或是家人總能住在一起。雖然養兒防老的觀念已慢慢過時，但還是希望老後身邊能有像家人一樣，擁有彼此信任且親密的關係，「所以我提出了『類家人』的想法，讓沒有血緣關係但有意願共居的人，可以選擇住在一起，組織成需要時能彼此照顧的一群人。」

「好好家族強調的『類家人』是『有點黏又不太黏』的關係。人和人之間的信任是無法定義的，因此類家人包含了彼此共好與互信的精神，但同時透過相應的合約，將特定的專業服務與資源根據個人需求無縫整合，這對於現代人來說才是一個真正可以期待的保障方式。我相信這個根本解方是具發展潛力的。所以除了初期打造硬體的好好園館，我們更持續不斷努力發展以類家人關係為基礎的『好好家族』。」

他強調，除了家人，我們更需要在中壯年之後重新建立穩固且陪伴我們到最後的社會網絡，這個網絡提供一種「類家人」的信任關係，支持我們安心生活、鼓勵我們發揮餘熱、貢獻所長、持續追求自我價值。身邊有這樣的社群，一個人一直到人生的盡頭都不會孤單害怕，才會感到幸福有樂趣和充滿意義。

不衝硬體房間數量，定位好好園館是高齡服務創新實驗場域

臺灣現有的養生村，動輒幾百戶、上千戶，且通常由財團或建商主導。但好好園館只有六層樓，六十餘個房間，這樣的服務住宅樣態從表面來看或論經濟規模，都無法和養生村型態相比，「但我們一開始就不是想要靠硬體買賣來賺錢，而是把這裡設定成一個高齡服務的創新場域，一定要從這裡找出最有價值的服務和永續經營模式，所以貼近真實與靈活運營才是持續創新的關鍵。好好園館符合現有法規設立，再用最具彈性的方式，以短中長期體驗模式，甚至舉辦各式各樣的生活營來和我們的TA（目標族群）進行深度對話，挖掘真實需求，以期在核心精神不變的情況下，優化服務的內容或提供的方式，建構有意義的社區和人生網絡，實現可以好好到老的完全解方。」

好好園館所在位置並不在鬧區，僻靜清幽也談不上景點。從建築業最在乎的地段觀點來看，初期經營應該難度不小。加上住宅體屬於小規模，又配置超高服務人力比，每月收費不算便宜。然而開幕後，期間雖然經歷疫情衝擊，仍然順利達成滿住目標，且住戶和家屬大多屬於高社經背景，這在萌芽階段的銀髮住宅業者群裡可謂奇蹟。紀金山說：「好好園館的經驗說明，相對於location（位置），服務才是高齡住宅發展更重要的關鍵。」

經濟系高材生投身長照產業，用年輕人的創意與活力串接轉化僵硬沉悶的高齡服務

三十出頭的紀鈞惟是紀金山的二兒子，算是年輕人投入長照產業的代表。大學時就去日本的照顧機構實習，紀鈞惟不諱言是受了家中氛圍的影響，他一直都很清楚父母親中年決定放棄教職投入長照創業的過程與辛苦，念經濟的他原本希望跟著哥哥的腳步走學術路線，去日本攻讀博士，所以才會選擇到日本長照咖啡廳和失智家園實習，沒想到這一線服務經驗反而成了他日後進入長照產業工作的契機，「因為照顧產業有太多經驗不是靠研究可以做到的。」臺大經濟研究所畢業後他決定進入有本任職，「畢竟老爸是老闆，這個選擇是有點挑戰，但最後還是決定投入試試看。一切從零開始，基本上什麼事情都做。」

紀鈞惟好奇心很強，有時候不按牌理出牌，「從小就滿跳tone的」。到有本工作時，他的主要任務是擔任有本生活坊的專案經理，負責系統開發，但他曾兼任過好好園館司機、大齡生活營工作人員、半夜負責顧二十四小時書店、擔任照顧咖啡館的吧檯手……有些人可能會討厭工作內容一直轉變，但對於非本科、點子多的紀鈞惟來說，這樣的設計反而更有趣，讓他一方面可以充分體驗不同的服務與工作內容，一方面可以用自己年輕且獨特的視角去想像高齡服務的新可能，並注入新觀點，例如把日本照顧咖啡館從一個概念變成「有本生活

坊」實際落地；或是把有本書坊經營成強調生命探索與人生對話的二十四小時獨立書店。

他笑說這段體驗翻轉了他原本以為高齡服務既僵硬又沉悶的印象，而且「有些生命中看起來毫無關聯的事情，後來都串在一起還發揮了功效。例如調酒，就很有用。」他大學時熱愛調酒，進入有本工作後，覺得調酒師（bartender）是一個很適合和長輩交流的角色，「因為他們和客人處於一個有點近又不是太近的距離，善於傾聽，酒吧的氛圍和調酒師的人設能讓人在最輕鬆不設防的情況下說出心中所想。」因此他設計「銀光調酒師」計畫，結合自己的調酒興趣和功力，透過和幾位長者進行深度訪談並和他們共創出屬於自己的一款「人生雞尾酒」。

看起來繁瑣多元的工作，卻給了他非常多的養分。擔任有本生活坊系統開發的專案經理，負責和外部廠商聯絡，原本是希望可以幫有本的服務體系量身訂製一個資訊系統，因為

長輩們在有本書坊。 （照片來源：紀金山教授授權）

不是念資訊出身，紀鈞惟只好用最簡單也最困難的方式，一個個從零開始理解系統需求、如何執行，積極和廠商開會討論如何落地實踐等，雖然這個系統開發不順利，所幸後來找到適當時機轉售，不過這段經歷在他掌管愛長照網路平臺後，充分派上用場。

愛長照的轉型：從「照顧資訊平臺」到「照顧管理服務平臺」

紀鈞惟兩年前開始擔任有本公司關係企業「愛長照」的營運總監。愛長照是臺灣最大的照顧者平臺，每個月有一百九十萬的流量，主要是以支持和滿足家庭照顧者的需求為主，也是傾聽他們心聲的園地，經常有人在上面提出問題，不到半天就有許多留言，算是一個非常有針對性、黏著度很高的線上社群。然而這個流量很大的照顧者平臺，卻一直苦於資本投入高卻無法變現的問題。

對於這個經營困境，紀金山認為是因為所提供的資訊不夠貼合家庭照顧者的需求和痛點。他認為照顧是一場長期戰爭，但當照顧戰事一起，多數家庭照顧者心態卻像跳進散兵坑的單兵，只能根據一把槍、簡單技術和配備獨自作戰，自然會掉進照顧黑洞，痛苦不堪。「解決辦法在於『照顧管理』，這種常用在機構的用語，卻是家庭照顧能否有韌性甚至讓照顧出現轉機的關鍵。」他首創「照顧管理力」一詞，指針對家庭照顧者因應照顧困境而長出的照顧能力，並依此有所提升最終成為正向的社會價值。

經濟弱勢的家庭照顧者經常無力再負擔多餘的費用，針對這點，他們也設計出由關係人（企業）付費的「星雲計畫」共益方案，不但可幫助家庭照顧者得到立即有效的支持，也為愛長照平臺找出新的營利模式。

紀鈞惟接手愛長照後，除了既有的照顧服務經驗，結合他的經濟學專業，他開始從各種數據中歸納整理，找出對不同利害關係人有吸引力的各種誘因，讓「星雲計畫」的推動更順暢，也讓愛長照不只是從豐富多元的內容去協助照顧者，也能夠協助照顧者將照顧經驗轉換成照顧管理力，成為他們可靠堅強的夥伴。

「我們從好好園館生活管家如何積極回應住戶和家屬需求的成功經驗，轉到愛長照平臺上，逐漸歸納出臺灣社會需要一個『專業照顧管家』的角色來幫助大家。」

愛長照的「專業照顧管家」其實是一個跨專業的團隊，包括治療師、護理師、社工師、營養師等，他們透過遠距視訊即時進行客戶溝通與服務協調，並針對每個案子指派自己的照顧管家，每個案子內部都有完整的問題清單與溝通流程，藉由通話過程幫助案家釐清照顧困難、對接照顧資源、解決問題與心理壓力。

「專業照顧管家有如健身房裡的個人教練，在每個人面臨長照關鍵點時，透過專業照顧管家的介入，就可以更好制定出適合每個家庭的照顧計畫，同時透過同理心、手把手地陪伴，幫助他們走過最困難的前三十天，日後也會一直陪在他們身邊，讓他們在慌亂無措時能有一個解決問題的去處和抒發的窗口。」

他提到，照顧管家會和長照二·〇的個管員合作，因為政府的長照個案常常會有資源或者照顧技巧的問題，但個管員可能很忙或經驗不足，「我們可以協助處理與支援，也協助申請長照二·〇，目前我們常被歸類在非正式資源網絡。」

以上就是「星雲計畫」的原型，愛長照從「星雲計畫」超過兩千個實際案例分析發現：臺灣家庭照顧者的長照困境最常出現在兩個時間點——出院返家之時與照顧超過五年以上者，「前者是家庭照顧者最常發生問題的時間點，出院時院方給的資訊很少、緩衝時間也短，家人自己去搜尋又發現訊息很雜，有很多不確定性，因此感到一切都非常混亂，這時候就很需要有人幫他們整合不同單位與資源，理清先後順序；後者是很多長期照顧家人的家庭照顧者已經習慣自己來掌控一切，原本以為自己可以hold得住，但其實照顧只會越來越複雜，等到他們發現自己hold不住時，通常已經來不及了。所以照顧管理的目的在及早介入，協助家庭照顧者預測未來長照需求發生的時間點與內容，搭配可用的輔具和產品，讓他們可以有心理準備而順利過渡到不同的照顧階段。」[2]

星雲計畫強調的是陪伴一起做決定的類家人角色，所以會先確認需求，安排一個固定的照顧管家陪伴照顧者，有幾個特色，一、可以跨越公自費服務的資源網絡介紹；二、照顧資源、技巧與知識介紹；三、不會與長照與各項資源衝突；四、針對醫療、照顧、法律、財務、家庭、心理等六大面向提供諮詢和支持服務；五、目前由企業贊助支持因此完全免費。

終極目標：好好園館＋愛長照＝好好生活模式

對經營愛長照這樣一個網路平臺來說，轉型策略就是要把黏著度轉化為流量，然後具有變現力，創造永續服務的條件。「這當然很難，但還好，我們並不急著賺錢，而是得想怎麼樣結合好好園館的社會解方，讓愛長照產生更大的附加價值。」隨著星雲計畫的服務推動，大量使用者的滿意度和感謝隨之而來，這讓團隊越來越有共識和信心，同時對資深的照顧領域專業者也更有吸引力而逐步擴展。然而愛長照畢竟是社會企業，必須直面市場需求，因此必須要不斷校準，充分掌握市場需求。

對此，紀金山又提出企業員工家庭照顧方案（EAPFC, Employee Assistant Program for Family Care），他認為高齡少子化如果照顧問題不解，一定會影響員工工作專注度和意願，進一步擴大缺工問題。因此愛長照的擴展方向，除持續優化服務內容和流程之外，最重要的是要導入社會中最具活力的企業永續能量。紀鈞惟說：「愛長照積極推動企業員工家庭照顧方案，提醒企業社會責任不只是要關心像家人般的員工，還可以擴大關心到員工的家人。愛長照社會企業目標就在創造從『利他心』出發的新營利模式，讓這些善念和影響力得以永續和擴大。」

從好好園館的全方位場域實踐到愛長照的線上照顧管理實作，紀氏父子做的分別是照顧的兩段：好好園館是零到十，愛長照是十到一百，兩者都提供非常重要的經驗，而且從線下到線上，呈現一個非常立體的老年生活藍圖，「現在還在各自發展的階段，但經驗卻一直串聯互通，最終便可以呈現一個全局、立體的關照。」紀金山強調，好好園館＋愛長照＝好好生活模式是終極目標，兩者的整合先從概念開始，然後透過多元計畫整合，最終再進行商業模式的整合。

以好好園館為Living Lab，開展以臺中沙鹿為基底的社區型服務行動場域

雖然新一代的長者對於搬到養生村去養老似乎不再那麼抗拒，我們也聽到各大財團在不同地方買地建高檔養生村，但臺灣還是有八十％的人想在自己最熟悉的地方養老安老，因此開放式的社區型養老方式依然會是主流，「但我們如何在社會現況下，破除自宅養老的不滿、不安與不便，把封閉型的附服務住宅的成功經驗帶進開放型的社區裡，是接下來

最重要的功課。」

不親身動手實作永遠不可能掌握到最根本的解方。紀金山說好好園館這幾年除了自己在園區裡的各種實踐，也攜手其他位在附近的夥伴，包括醫療端的光田醫院、機構端的仁馨樂活園區、雲林的惠生大藥局，還有線上平臺包括瑪帛科技和愛長照等，透過線上線下各種資訊和資源的串聯，在中部海線逐步建構出一個可以幸福養老的所在。

他們同意共同發展附服務共居社區，「因為這是眼前人力物力遞送最具成本效益的方式，也是可以把大家串聯最緊密的方式，而我們的角色是負責分析共居社區的關係人，希望協助其他團隊在這個生態系裡頭獲得成功，只有大家朝同一個目標前進，且每個人都有成長，這件事情才會成功。」他認為現在他們在臺中海線這裡已經把照顧元素都湊齊了，接下來就是要完成五到十年以後的布局。

紀金山、紀鈞惟父子正用他們

紀氏父子。　（照片來源：紀金山教授）

的破框力、想像力、實踐力，透過不同的組織和載體，一步步地研究如何以好好園館作為同心圓的圓心，將「附服務住宅」理念擴大到整個社區，期望將臺中沙鹿打造成臺灣最適合安居養老的「附服務社區」。

超高齡社會是大的社會結構轉型，也涉及每個人想要的日常生活模式，所以它所衍生出的問題無法單從政府政策來求解，應以需求和供給的市場對接，重新組合來得出永續解方，「好好園館是一個living lab（生活實驗室），我們先在沙鹿建構出住得起也養得起的社區，並以這種創新理念、具體經驗和最佳運營系統，發展出一套最具實戰力和彈性的社區型服務管理及顧問業務，就可以進一步與政府、建築業合作，甚至可以為大企業、社會團體，乃至有志於此的個別單位規劃和推動老後安居方案。大家一起來，這就是我們的共居社區願景。」

共生五力分析

開放參與

好好園館所屬的公共設施包括好好聚落、書店、咖啡店、餐廳、旅館等，除了主要服務住民，也開放讓外來人士進行短住體驗，打算長住的長輩，也都透過一月一簽或一年一簽的方式入住，並鼓勵住民進行二地居，在老年居住可能性上提供多元的選擇並開放參與。

自主價值	所有關係人都能以互惠方式獲得身心靈支持，並藉由這樣的契機找回自主價值，如高齡一百歲的長輩重獲生活的重心，有盲人夫婦在此重啟服務他人的生命價值，也有人用換工的方式體驗如何預備老年生活。
互助網絡	在好好園館，他們稱「互惠網絡」，而不是「互助網絡」，是一種類家人網絡的設計，目的是建立起人與人之間互相信任的互惠關係，然而和一般由下而上自然形成的互助網絡明顯不同的是，好好園館的作法是由一個具有實務經驗、研究和實踐力的社企組織在其中運作，並以商業和法律作為規範，所以能夠有充分的計畫並避免不必要的混亂。
多代多元共融	好好園館從理念到硬體的設計都強調青銀共居、跨代共融，最明顯的例子就是工作人員都相對年輕，以他們的春青活力和長者互動，長期住民中不是只有長輩，也有年輕的實習生或50＋的樂齡族；園館會在許多地方製造偶然相會的點或一起參與的課程或活動，希望能自然地促成跨代融合。
永續生活	好好園館由有本股份有限公司以社會企業的理念經營，其目的就是希望在財務上達到永續，如此才能確保服務和價值的永續。

Deborah 的心得

臺灣的長照二．〇投注了六百五十億新臺幣的資源，政府大力提倡卻還是成效不彰，許多的需求依然沒有得到滿足，民眾覺得服務不好用或不容易取得。為什麼？這裡頭有很多設計是依循既有的想法．想要用過去的思維與系統去解決現在或未來的問題。長輩的樣貌已經改變了，更多的需求是在生活面，比起後續的治療，更重在前期的預防照顧。但整個政策的執行方式還是以醫療照顧為主。

我們很慶幸，臺灣社會有八成七的65＋生活可以自理，如果他不去社區關懷據點，沒有參加共餐，不需要陪病、交通接送等，也沒有使用長照二．〇服務，那麼維持老年生活的健康與快樂，就完全是他個人和家人的事。只有他因為某種原因進到了醫療或長照體系，成了一個「問題」，才有機會透過國家資源來「被處理」。這其實是好事，但我認為我們在幫助和鼓勵這群廣大的健康長輩，如何快樂自主地活到人生最後一刻，自己為自己的健康負責這件事情，可以有更前瞻性的思維和開拓性的作法。

以日本為例，以多元方式鼓勵中高齡者回歸職場持續貢獻，或是在社區型的場域中創造更多的工作機會和互動模式等，都是很值得思考的方向。透過什麼樣的環境設計和誘因，讓他們可以維持現在的生活方式和身心靈健康，一直到人生的最後一刻都能覺得安心幸福，社區正是實驗這些可能一個非常重要的場域，正如好好園館在努力的，我非常樂見。

近年來越來越多單位開始倡議「原居安老」，畢竟蓋再多的銀髮住宅或養生村也無法滿足快速老化的人口，而且也不符合大部分長者的期待與文化，因此怎麼樣建構出既有好的服務輸送、又有健康的社會連結的社區，也就是更有機地去建構出一個共生社區，是「原居安老」可以成功的重要指標。

好好園館以居住作為介入手段，企圖全方位營造一個理想老後生活的桃花源，並以此為核心，帶動週邊的社區，從只有少數人可以獲得好處的封閉式附服務住宅變成更開放的附服務社區，同時以「living lab」的設計概念來實驗各種做法和進行串聯，嘗試打造並扶植整個生態系，期待建構一個以善為循環、可永續的高齡產業模式。

雖然現在還在初始階段，但我相當期待這個實驗計畫持續落地執行，讓我們可以取得更多實證經驗，邊做邊學，邊學邊改，讓現在的長者成為我們的數據和榜樣，真正做到「自己的老年自己設計」。

案例
11

臺東書粥：高耀威

想要和社區交流，就開一家店吧！

號稱臺灣最遠的書店，位於臺東長濱的「書粥」於二〇一九年開幕後，我就一直很關注，記得書店開幕未久，剛好帶著家人環島，還特別安排到長濱去走訪書店。去的那天剛好下雨，除了躲雨，也和當時擔任換宿店長的夫婦聊了一下。我會這麼熱衷這個書店的原因，主要是它所推出的「換宿店長」計畫，和自己一直以來想要追求的理想生活模式相當接近，因此很希望可以有機會去體驗一下。

二〇二一年原本申請到了可以去當換宿店長的機會，卻因為疫情，書店被迫暫停對外營業，我也意外找了份全職工作，只好硬生生地放棄。二〇二二年下半年起，我的生活又有些餘裕，重新燃起到書粥去打工換宿的希望。只是沒想到二〇二四年年初招募換宿店長的公告文一出，當我還在慢慢想著可以排什麼時間去時，書店的臉書粉絲頁已經貼出了「二〇二四年店長招募額滿」的公告！

原來，和我有相同想法的人還真不少！所幸我的時間比較有彈性，所以祭出了「只要有人臨時不能來，我願意隨時來代班」的做法。就這樣，我的書粥店長換宿夢一波三折，終於在二〇二三年十月成行！

從來就不是以經營共生社區為出發點、一家開在偏鄉的獨立書店，卻成了全臺灣最具共生社區開創精神的案例，為什麼？它如何做到？以下就是我的觀察。

本書作者（右）攝於書店舊址門口。

想要和社區溝通，先從開一家店開始！

作為一個交通極為不便，遠得要命的偏鄉獨立書店，書粥會如此聲名遠播，和「店長」高耀威有絕對的關係。畢竟換宿店長的計畫最早會開始，是因為從臺南遷居臺東的高耀威，時不時需要回臺南去處理事情，但又希望書店在他不在的時間也能持續營業，所以從拜託親朋好友代班開始，演變成邀請陌生人來排班。四年多的時間，這個換宿店長計畫吸引了各式各樣的人，每年申請者都大排長龍，招募公告一貼出來就秒殺，成了臺東一個獨特的風景，甚至是另類旅遊亮點。

「想要和社區溝通，先從開一家店開始！」這是高耀威自己說過的話。從小就到處移居的他，生活經驗相當豐富，到哪裡都是異鄉人，要怎麼創造在地連結和生活感？先從開一家店開始。所以他當年從北部搬到臺南時就開了一家叫做「彩虹來了」的T恤店，還帶進複合式經營的概念，不同樓層做不同企劃，也因此串聯了街區夥伴，組成了「正興幫」，在臺南正興街搞得風風火火，至今還是在地街區活化的精彩案例。

所以說書粥的店長換宿計畫並不是偶然，看似無用的東西如何創造出價值，進一步吸引人並進行交換，這些設計一直都在高耀威的生命經驗，甚至DNA裡。用一己之力嘗試多元有趣的企劃，高耀威的「過往歷史」相當豐富，讓他無論搬到哪邊，都在想著各式各樣的有趣可能。根據他在《聯合報》五百輯的專題報導：〈【獨立書店】台東「書粥」高耀威從正興街到長濱：鍋裡熬得不是粥，是跟自己的和解〉中分享，他因為生活所需，必須過著臺南臺東二地居的生活，半個月工作、半個月顧店，不小心創出了「顧書店交換住宿」的經營方式，看似無心插柳，其實「也符合我發自內心甚至有些激進的分享性格」，「滿足了時而獨樂時而眾樂的人生觀」。店長來應徵的原因各異，樣貌獨具，「有正逢人生轉折的朋友，有身處都市卻寂寞的同學」……大家用唯一一把鑰匙打開書店的門，看著我寫的「顧店換宿生活須知」，坐在偏鄉書店的櫃檯送往迎來……。[1]

我很喜歡他用輕靈的筆觸描寫顧店的日常：某退休老師顧店時，在書店櫃檯前寫功課的小學生抬頭問：什麼是婆娑？老師指著落地窗前金剛山下被風吹過的樹說，這就是婆娑；離職公務員用自己發明的籤為往來的客人推算生命的可能；叛逃學校體制的年輕人，光著腳、裸著上半身，一邊看著《西藏生死書》，一邊應對書店的各種客人需求；小學就讀過夏目漱石的高中女生暑假帶著弟弟妹妹來顧店；媽媽帶著國中生兒子在農曆新年來顧店，「我原本擔心他們能否忍受身處異鄉的孤寂與不便，她卻為了總算能擺脫過年期間那種過於喧囂與黏膩的人際互動而暗自歡欣。

「每個人帶著不同的生命歷程而來，書店成為他們人生暫時的轉場，我在顧店換宿生活須知中的最開頭寫下這段話：『以下是一些我的習慣，提供參考，但到了書店，你就是自己的主人，若有不符合自己的習慣之處，可依照自己的方式，總之，就是照顧好自己，遇到問題盡量試著自己想辦法，好好生活，好好活下去，放輕鬆。』關照自己的內心是我每日的練習，希望書店對這些店長們也能是個借鏡，不是來幫我顧店，是給自己開一扇窗。」[1]

書粥櫃檯書架上擺著一本《素人之亂：日本抗議天王寫給22K崩世代的生存祕笈！》也讓我的眼睛為之一亮，因為我想到有一次聽高耀威演講時，他提到自己這樣天馬行空的想法不完全是無中生有，日本的社運搗蛋天王、《素人之亂》作者「松本哉」給了他不少啟發。

松本哉在東京高圓寺純情商店街經營了一家「Nantoka Bar」。這家店非常小，外表看起來其貌不揚，但他對某類人士來說卻是遠近馳名，甚至也有不少臺灣人特別跑去東京參與。這家店白天是咖啡廳，晚上則化身深夜食堂，開放讓有好手藝、想嘗試開店體驗的人來當一日店長，所以每天的店長和菜單都不一樣，除了上繳一日房租（在寸土寸金的東京算是相當便宜），菜單和食材都是自備，扣除成本之後賺到的營收都是自己的，也可以販賣店裡的酒水，只要以進貨價付給店裡即可。這樣的設計讓許多短暫停留東京的外地貧窮青年和背包客，可以在寸土寸金的東京稍微喘息一下，甚至賺點旅費。

一個曾經去過的人在網路上寫道：「Bar裡出沒的客人形形色色。共產黨籍的本區青年議員、畫少女漫畫的中年大叔、學生、從事房地產仲介的韓國人、為『工作貧窮』發聲的作家、尼特族，甚至大企業的職員，下班後都會到這裡喝兩杯……有別於東京給人的疏離感，這裡是可以與他人分享情感和觀念的地方，增進社群生活感的重要場所……在這個素人們的聯誼廳裡，你永遠不知道還會遇到什麼樣的人……」[2]

這不就是一個共生場域的徹底實踐嗎?!

就算資源有限，也可以找到好玩的方法

「大家都說我很會玩空間，但空間只是表達訴求的載體。我們總有想要表達的議題或事情，然後找到有趣幽默、能夠引起共鳴的方式來做。」因為這樣的想法，在臺灣還沒有開始大力推動地方創生和街區改造時，高耀威就在臺南正興街，做了很多有趣的嘗試，搞得風風火火，媒體都來報導，例如：在房價高漲、寸土寸金的街區竟然弄了個廢輪胎遊樂園，大人小孩都來同樂；又或者辦了無厘頭的辦公椅滑行大賽，還帶隊去日本比賽！在沒人知道什麼是街區活化的年代串聯商家，帶著觀光客走進臺南小巷，看到不一樣的風景，成了今日臺灣小鎮散策的經典；用不同反響的思維創辦與發行「全世界視

野最狹隘」的地方報紙《正興聞》；將廢棄八年無人使用的破舊屋頂層改變成社區裡的「天空之城育樂中心」，舉辦天臺乒乓球大賽；打造每天只開幾個小時、每個人都可以來當廚師的「寂寞食堂」；為了鼓勵鄰居阿嬤的孫子認真學圍棋，每次活動都會順道舉辦「圍棋大賽」等。

這些招數和想法，光怪陸離，「做這些事情在當下都非常好玩，但後續看起來當然有利有弊，我們是玩得很高興，也集合了一群志同道合的夥伴；但在街區活化之後，房價房租也跟著水漲船高，所以吸引的店家和來客的面貌也改變了，很多事情無法再繼續。這沒有什麼好與不好，就是一個過程吧！」

對高耀威來說，這些年來發起各式各樣的街區活化運動，都不是因為接了什麼冠冕堂皇的計畫或有什麼偉大的願景，純粹就是想要用一群人小小的力量，用幽默戲謔的方式去對應這個社會中許多的繁文縟節或是不合理。你可以說這是一種社運的形式，或將其冠上地方創生之名，但其實他所做的事都很有原創性，很另類、草根，有一種從地下長出來的生猛力量，而我們想要探觸或學習的，正是這種生猛、由下而上的力量到底是怎麼長出來的？有沒有機會透過外在養成呢？

書店是一種進可攻、退可守的選擇

書粥的實體雖然是一家獨立書店，但負責人沒有只是把自己當成一家商店來經營，書店只是他作為一個移居者參與和融入在地社區的一個載體，也提供在地人一個認識他的方法。近年來臺灣非常多的偏鄉獨立書店其實都或多或少扮演了像書粥一樣的角色，提供移

書粥新店面於2024.07.01正式營運。
（照片來源：高耀威）

高耀威於開幕當晚介紹新店。
（照片來源：高耀威；拍攝者：Swin）

居者、返鄉者和在地人一個串聯交流的空間和機會。那只能是書店嗎？可不可以是其他空間？當然可以！但我曾經聽過一位在地方上開書店的人說，在偏鄉開書店的確是有些好處，他說，如果開咖啡店、餐廳、雜貨店等商業店面，容易和在地商家搶生意，可能一開始不容易在鄰里之間建立好感；另外是社會觀感，畢竟在偏鄉開一間書店，聽起來滿文青、挺浪漫，一般社會的想法都趨向正面，會給予支持；也可以和附近的教育體系（如幼兒園、中小學等）進行串聯，遇到的反對或阻撓應該比較小……這樣聽起來開書店的確是一個進可攻、退可守的做法。

書店的經營者如果自己懂得經營，也喜歡閱讀，當然最好，但如果不是，也有友善書店合作社的通路可以學習怎麼做，可能比開咖啡店、餐廳和民宿等前期的資金投入和對主理者能力的要求稍微低一些，當然後續如何經營還是看人，畢竟書店也不是一個可以賺大錢的方式，所以不一定適合每個人，失敗的例子當然也不是沒有。也有一些單位的營運模式是以開實體書店為號召，但其實是寫計畫、接政府案子來作為主要營收。近年來因為本土化意識的抬頭，蹲點地方、挖掘梳理地方歷史和文資、設計在地創生小旅行等成了顯學，因此許多部會如文化部、教育部等都有不少標案、補助案可以申請，適當運用的話都可以作為一種收入來源，但不建議以此為主要的收入來源。

創造〇與一之間的〇・五

書粥所在的長濱鄉，位在臺東的最北端和花蓮接壤，沒有火車站和客運站，交通相當不便，從都會區過去最簡單的方式是坐火車到玉里然後走玉長公路，沿著蜿蜿蜒蜒的玉長公路開車過去，單趟最快也要四十分鐘，如果搭客運就更久了，而且可能中間還要換車，不花一兩個小時到不了，說它是遠得要命的書店，並不是在開玩笑。我當店長時曾有鄰居來跟我說：「我們這個小地方什麼都沒有，來觀光的話吃個飯待個半天一天就夠了！怎麼會有人想來這邊住七天半個月?!而且還免費幫忙顧店？這是騙人的吧?!」

這種傳統上看起來是弱勢的點，到了外地人高耀威的眼裡反而成了吸引他的地方，一個依山傍海、遺世獨立的美麗小鎮，居民生活樸實自然、沒有都市化的包袱；一個沒有書店的偏鄉，剛好提供了他自由揮灑的空間，所有的缺點在他眼裡都成了優點，也激起了他挑戰的決心。他也提供了外地人才能看到的獨特觀點，「你從〇到一要有一個〇・五，那個〇・五有時不容易存在，我就做一個〇・五的事情，讓大家踩著這個階梯，慢慢到他們想去的地方！」

書粥這四年多來接待了兩百多位店長，最年長的七十六歲，最小的十五歲，他們的故事隨著書粥的臉書粉絲專頁，傳達給了更多人，身兼粉絲專頁小編的高耀威用他的生花妙筆，讓看似平淡的小鎮生活充滿了趣味，提供許多人暫時脫離自己枯燥人生的美好想像。而高耀威的高人氣和多點子，也讓一些在地人紛紛找上他合作，因此近年來他又開了「長所」和「麵包宿」兩間店，這兩間店以書粥私人招待所的獨特方式經營，他們不像一般民宿，只要上網花錢就可以訂得到，而是優先讓過往擔任過店長想重訪長濱的人，或想到長濱或東部「淺居」的人居住，淺居是指他們住的時日較長，或許有心移居，先來這裡體驗生活，也給那些暫時需要一個地方寫作或創作的人當工作室，所以居住者的心態和生活態度和民宿裡的觀光客很不一樣。

這是對於怎麼創造移居人口，打造共生社區最落地的實踐。

共生五力分析

開放參與

透過不同的換宿店長以最精簡有效的方式經營書店，讓書店可以維持最低的營運可能，卻又帶來各式各樣的「加值」，有人來此開個人演唱會、有人在這裡讀繪本、有人推出買書送插畫……不只觀光客來了，隔壁的鄰居阿嬤也會天天進來串門子聊天，鎮上小學的小朋友會到這裡來看書或消磨時光，甚至下大雨的夜晚，路上淋得溼漉漉的狗狗也可以進來躲雨。

自主價值	這件事情清楚體現在交換店長這件事情上，除了基本的開店和關店要求之外，書粥給了換宿店長們非常大的權限來決定如何度過顧店時光和善盡店長職責。我遇到一位五十歲的店長一輩子都住在家裡，雖然很想搬出去自己獨立，擁有自己空間，但其實非常困難，來到書粥當店長的這七天讓她首次擁有自己絕對的空間，這份空間帶給她的自由和自在，一輩子忘不了！
互助網絡	除了和鄰居阿嬤、社區裡的孩子連結互動，高耀威自己也成了附近民宿、餐廳或咖啡館的小幫手，還時不時幫大家媒合；也和附近賣手工黑糖的爺爺一起合作，不但找換宿小幫手，現在還固定在店裡寄售黑糖；書店門口的黑板擺明了歡迎你進來喝口水或借廁所，這和都市裡動不動寫著「本店洗手間只供消費者使用」的做法背道而馳，一個社區網絡就這樣環繞著書粥組建了起來。
多代多元共融	書店本來就是對所有人開放的，書店的選書相當多元，有新書、二手書、兒童繪本、漫畫、哲學書，甚至外文書，就是希望可以服務不同興趣和閱讀口味的人，不同世代的人都可在這裡找到他們想要看的書，消磨一段時光，或是坐在書店裡，喘口氣、喝個水，和其他客人或店長聊聊天，都非常歡迎。高耀威如果有空也會到附近的小學去和同學分享，他也歡迎其他店長發揮自己的長才和社區互動，曾經有國外回來的店長在這裡教英文，跨代共融的氛圍就這麼自然形成。

永續生活

因為採取換宿店長模式，書粥可以一年三百六十五日天天營業；營運上靠著賣新書和二手書，也還可以維持高耀威最早的設定：只要能夠付得起房租和水電費就好；書粥的臉書粉絲專頁有兩萬三千人追蹤；四年來有超過兩百人擔任過換宿店長，有的來自國外。一位媒體人觀察說，臺灣許多地方都提出駐村或換宿的想法或相關計畫，但能像書粥這樣持續，而且力道這麼強的還是少見，書粥所帶來的無形效益和鼓勵多元的社會影響力，也許一時之間還無法用具體的數據來估量，但其意義相當深遠。

Deborah的心得

很多小型的在地組織甚至是個人，談到要做共生社區時，都會說他們沒人沒錢，但只要看看書粥和高耀威的例子，就知道沒有資源有沒有資源的做法，有時候甚至可以萌生更多的創意和產出絕佳的點子。

書粥用打工換宿的方式經營，交換的不是金錢，卻是比金錢更可貴的東西。賣二手書、用二手物品修繕、鼓勵任何人發揮餘熱或利用時間空間來換取經驗，徹底實踐永續的價值和精神。書粥雖是一間書店，但也是地方上社群交流的場域，所以我們看它成不成功，不會只是去看它每天進帳多少、賺不賺錢而已，而有更多無形的指標，多少人來到這裡當店長？多少人的人生可能因為這樣的經歷而改變？社區裡因為有了這樣的書店和網絡又有什麼樣的改變？

因為原來的房東要收回房屋，二〇二三年下半年高耀威開始在臉書上分享各種在長濱「找房子」準備搬家的故事，小鎮可以用來營業的地點本來就不多，這幾年許多人移居長濱更讓此地的租金水漲船高，期間也有人想提供但地點太偏遠不適合，或是價格談不攏，例如有房東看到書粥的成功決定獅子大開口，或是有人願意捐出場地但卻對各種使用現況指手畫腳，讓高耀威很難自由揮灑……各式各樣的插曲和故事，充滿畫面與生活感，讓包括我在內的各任新舊店長和粉絲們跟著心情起伏，看得好揪心！所幸故事最後總算有好結局，書粥已在原址附近找到新址，於二〇二四年七月一日重新開幕。而搬遷的過程，一樣是非常有社區感的互助合作方式，「誰有空誰就來幫忙，拿多少算多少。」同時力求「無縫接軌」，「每天搬一些，書店力求不因搬家而打烊！」

眼下沒有一個共生社區指標去定義什麼是共生社區或要怎麼做，更沒有一個指導手冊提供框架和施行細則，一點一滴地教你共生社區怎麼打造，但我相信高耀威的思維和書粥的故事，展現了絕佳的共生社區精神和歷程，非常接地氣，又好玩，真的很值得學習！

想要和社區交流，就開一家店吧！就算是一家小店也無妨！

從弘道的共生實踐，
看見臺灣高齡照顧新解方

PART 4

弘道老人福利基金會的社區共生之旅

弘道為什麼開始做共生？

一起道老，精彩美好！認識「弘道老人福利基金會」

弘道老人福利基金會於一九九五年在臺中成立，有感於臺灣逐漸步入高齡化社會，由時任臺中光田醫院總院長王乃弘、弘道創會執行長郭東曜與老人醫院院長柯麗鏞共同發起成立。

在社會型態不斷改變下，弘道從健康老化、優質照顧、經濟安全、自我實現、友善環境、人才育成六大面向，建構超過四十項的服務，積極回應長輩需求，長年關懷一萬多名長者，提供獨居、弱勢、失能等狀況的長輩們關懷訪視、居家服務、送物資、陪伴就醫、健康促進等服務，讓長者能夠有安心、精彩的老後生活；也持續透過各項活動與倡議，讓社會看見「不老夢想」帶給長者的生命能量，創造長者精彩的第三人生。

弘道在全臺設有七個服務處，有超過六百位工作人員，除了長年固定服務的對象，如果再加上每年透過不同方案連結到的人數和家庭更是可觀，堪稱臺灣最具影響力的高齡服務組織。

弘道即將在二〇二五年歡慶進入而立之年，基金會成立的這三十年，正是臺灣社會意識到高齡少子化如海嘯般襲來，影響國安至鉅的關鍵時刻；此外，人類因為平均壽命延長所帶來生命歷程的改變，以及臺灣社會歷經了戰後七十多年的發展，教育水平提升、人均所得提高、都市化造成的家庭結構改變、政府高齡長照政策不斷發展與滾動式修正……凡此種種，都對高齡服務帶來極大的衝擊，讓長期位於第一線提供長者服務的弘道感受特別深刻。

傳統上，像弘道這樣的非營利組織主要是透過重新分配政府社會福利資源或是社會大眾的捐款，來提供特定人群福利服務。政府的福利資源分配概念通常是針對「最需要這些急難救助資源的人群」，以不同服務內容來解決最緊急的問題，為求輸送效率，大部分的資源會依據族群分門別類，例如：老人、兒少、身心障等，然後也會按照障礙程度或需求緊迫性來進行服務輸送。

換言之，在這種分配式的設計思維下，政府採用的是一種「有問題解決問題」的「視角」。這種視角會產生幾個挑戰：例如，看待事情時找的是「問題」，而不是「機會」，目的只在解決當下的問題，比較缺乏開放創新的思考空間或是預防性思維，手段通常要求「藥到病除」的快狠準，相對缺乏彈性。這就像一個人被送進急診室一樣，當下只想針對他目前最緊急的狀況做最快的處置，有時候這個應急的處置對病人長遠來說未必最好，也可能因此留下後遺症，但急救現場當下無法顧及，只能先救了再說。

以弘道來說，他們的服務目標族群以長者為主，過去資源分配的方式也多放在協助長者滿足或解決各種老弱貧困、急難救助的需求上。然而，隨著社會經濟環境的快速變遷和百歲世代來臨，上述這種「急診室思維」早已無法滿足現今社會長者和他們的家庭衍生出來各式各樣的服務需求；再加上長者的面貌早已改變，若想用傳統僵化的服務內容，去對應新時代的長者需求，根本就是緣木求魚，也就是說現行的高齡服務方案和場域設計其實很難滿足新一代的長者。

弘道啟動共生社區策略的背景

1. 政府將共生社區納入《高齡社會白皮書》中作為政策推動的藍圖

政府於二〇二一年頒布《高齡社會白皮書》修正版，作為推動高齡政策的新藍圖，提出「自主」、「自立」、「共融」及「永續」等四大願景及三十七項行動策略，由各部會跨域合作執行，並將「營造在地共生社區（會）」正式納入。

共生社區（會）的推動包括幾個重點：

一、建立高齡者在社區中的平等互惠關係：翻轉既定的「照顧者vs.被照顧者」、「支持者vs.被支持者」的依賴與斷裂觀念，改變為相互照顧與互相支持的平等與互惠觀念，並善用高齡者也是照顧者、支持者的力量。

二、社區責任的倡議與提升：倡議社區共同照顧的理念，將高齡者照顧視為社區應共同承擔的責任，而非高齡者及其家庭的個別議題，培養社區居民「這是我們的事、大家一起來」的觀念，營造友善高齡的社區。

三、營造高齡者自主自立生活的社區環境：營造以人為本、以家庭為中心、以社區為基礎、以鄉鎮市區為單位的在地整體照顧體系，結合在地長期照顧服務、到宅醫護、社會福利服務、社區發展組織、社會團體等資源，協力合作，提供高齡者從社區參與、生活支持、預防失能（智），到健康照護與長期照顧的全人整體照顧服務，以支持高齡者在社區與住家自主自立生活，實現在地老化。

四、在地照顧人力的整合與發展：整合在地各種分齡、分對象的照顧體系之人力資源，規劃各種服務工作人員多軌化職涯發展，以利提升各種照顧人力資源的知能與產能。[1]

2. 關懷據點服務的更新

長者面貌改變導致服務需求的改變，從關懷據點的經營最可看出端倪。

非營利組織可以透過直接成立、協助經營或輔導在地組織成立營運關懷據點，來為社區裡的長輩提供各項服務，這是弘道在社區裡針對高齡者提供服務非常重要的一個環節。弘道在經營關懷據點時發現：

一、原先到關懷據點來接受服務的長輩年紀越來越大，逐漸凋零後離開，但是新世代的長輩卻沒有進到服務場域。志工也有同樣的情況，原來的志工年紀逐漸增長，但因為各種原因沒有年輕的新志工投入。

二、服務內容統一規劃、統一執行，缺乏彈性與創意，限制大。

三、服務非常仰賴主事者，若主事者年紀大或是因任何事情而有異動，服務就會隨之異動。

上述情況導致社區裡的服務者、被服務者都持續變少，據點的生氣不夠，服務如何持續也成了問題；此外，據點的團體型服務無法對應個別化、不同世代的需求，也讓社區裡的長者服務如何永續成了很大的挑戰。

3. 世代需求的轉換

臺灣人口結構的快速改變已經是不可逆的趨勢，導致不同世代呈現的面貌和需求和以往大不相同，弘道進一步分析服務對象發現：

一、人口老化是必然趨勢。

二、少子化及未婚率提高，各年齡層的獨居狀況跟著提高。

三、世代間的成長背景、經濟、教育等各項養成狀況都有很大的不同。

不久的將來，現實會變成：人口結構快速改變，扶養比持續攀升，照顧的需求永遠沒辦法按照現在的方式被滿足，公助、共助能運用或發展的資源將越來越有限；社區連結越來越弱，但高齡化、少子化、未婚率上升，相互扶持的需要反而呈現上升趨勢；世代間的需求不同且多元，無法被單一空間、單一服務滿足。

弘道如何發展共生社區策略

面對政策改變、關懷據點服務轉型和服務對象世代轉換的三大挑戰，迎接高齡新時代來臨之際，弘道於二〇二〇年重新梳理盤點內外部環境與資源，擘劃出五年的策略地圖，結合基金會所提出的六大策略面向，重新思考未來方向。弘道認為當務之急是打開服務對象的侷限性，讓輸送體系更加多元化，也就是致力打造一個服務提供更有彈性、更能支持不同世代的共生社區；同時發展出一個從長者需求出發，但能夠支持社區整體共融共好的服務策略。在這個策略中，個人角色和新型態的社區組織會慢慢增加，而原本制式的政府角色會慢慢變弱，傳統的服務提供者必須要改變思維和做法才能因應在地居民的需求。

百歲世代來臨，如何回應新生代老人的需求與期望？

根據內政部二〇二四年二月公布的資料，臺灣六十五歲以上人口達到四百一十五萬八千人，占總人口的十七．八％，各縣市的老化前三名依序為嘉義縣、臺北市、南投縣，這三縣市會率先邁入超高齡社會，其中以嘉義縣二十一．九％居冠，表示每五人中就有一人超過六十五歲。[2]

只看數據，你會覺得臺灣的高齡化速度真是飛快，但硬數據沒有告訴你的是，超過四百萬的六十五歲以上人口中，有高達八成七（也就是約三百六十一萬人）是屬於健康和亞健康的族群，代表他們或是身體健康，或是有一些慢性病但得到良好控制，總之生活完全可以自理，他們可以出門參加各式活動、到處趴趴走，甚至持續工作。這些人需要的不是醫療和照顧服務，而是更多的社會連結和自我價值的實現。

《熟齡生活調查報告書》勾勒出全新的長輩樣貌

弘道曾於二〇二一年協同串門子社會設計公司以及社團法人中華金點社區促進聯盟等單位，發布《熟齡生活調查報告書》，目的是針對臺灣五十歲至六十四歲、即將進入老年生活約五百二十八萬的「熟齡族」或「未來長者」，從「社會支持」、「健康促進」、「退休生活」、「經濟安全」、以及「友善空間」五大面向，探索屆退的新生代老人需求。這份報告書透過訪談一千位五十到六十四歲的人所得到的數據，讓弘道在預見高齡未來的假設時有了佐證，也得到許多洞見。

調查發現：這些在十年到二十年後將邁入六十五歲的族群，有如下的想像和期望：

對場域的想像：希望常去的活動場域能提供健康和身心療癒的功能

- 未來長者對活動場域的期望：

四成和健康及身心療癒相關，三成談到新嘗試和自我實現，兩成希望提供豐富資訊，一成希望是可以再就業的地方。

對服務的想像：希望自身想法被理解、可自由選擇參與的方式和內容、重視對等

- 未來長者對個人生活和支持體系的期望

自我意識強：和之前世代的長輩相比，他們對於自身的需求更有想法，也希望自己的想法可以被理解。

重視選擇：希望可以自由選擇參與的內容和形式。

重視對等：不再只是被動地接受各種已經安排好的服務和課程，而希望可以有更多的自主參與創造協作。

弘道的回應

這些回饋與洞見，提供了弘道真實數據去反思目前服務範疇的侷限和未來可能的發展方向，他們據此歸納出幾個可以即刻啟動

圖八、未來長者對活動場域的期望

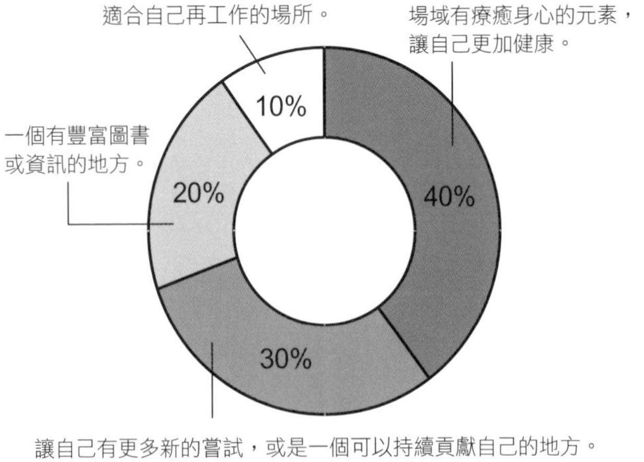
適合自己再工作的場所。
場域有療癒身心的元素，
讓自己更加健康。
一個有豐富圖書
或資訊的地方。
10%
20%
40%
30%
讓自己有更多新的嘗試，或是一個可以持續貢獻自己的地方。

的方向：

一、創造服務的開放性：開始找尋方法與社區的「未來長者」也就是五十歲以上的熟齡者互動，增進彼此的對話與理解；蒐集更多他們的想法，著手設計適合他們的新服務。

二、思考服務的場域與內容：目前大部分社區型的高齡長者服務都非常具有侷限性，例如社區中屬於照顧的體系，有隸屬於衛福部社家署的社區照顧關懷據點（關懷據點）、衛福部長照司的日間照顧中心（日照中心），也有原住民委員會所管轄的文化健康站（文健站），有些社區裡還有農業部（前身為農委會）推的綠色照顧站或客家委員會主管的伯公照顧站，再加上每個地方縣市政府不同的要求和作業方式，每一個方案對參與者的年齡、背景及條件都有嚴格的限制，服務內容相當制式化，等於是從主管單位就呈現多頭馬車的狀況。

有些縣市例如新北市、臺中市等近年來開始發展較為開放多元的照顧咖啡館或稱銀光咖啡館，但數目仍少，知名度也不夠，這些透過政府計畫開展的創新方案，許多在方案結束後無法延續計畫的初衷實為可惜。因此，如何在社區裡打造出更適合新世代長者需求的場域，讓他們願意走進來是相當重要的課題。

三、設計跨族群與跨代的貢獻參與：目前的社區長者服務有學習型（社區大學或長青學苑等）、參與型（共餐服務與據點課程），長者的角色設定多為被動的學習者或服務接受者。考慮到社區中的五十歲以上者人數不少，其背景和經驗也相當成熟多樣，未來希望能夠設計這個族群在社區中從事不同服務的貢獻參與元素；並更重視跨族群和世代的交流方式。

弘道的共生理念及促成此理念的思考

長期在社區為長輩提供服務，弘道本來就有許多正式的服務數據與一手觀察，再結合報告書中熟齡者所提出來的意見，都讓弘道確認：在臺灣快速邁向超高齡化的過程中，社會變遷和人口結構改變已經對他們的組織和服務內容帶來莫大的影響，未來這個影響只會更為明顯與劇烈，因此他們提出「以高齡者為服務主軸的共生社區理念」。

超高齡社會不只關注長者，也和每個人息息相關。從長者、社區居民到社會大眾，大家在同一個社區裡生活，或生存在同一個社會中，彼此脣齒相依、休戚與共，希望可以支持彼此在熟悉、喜歡的地方好好生活，因此我們需要建立一個可以促進互動共融的社區支持網絡。

雖然過往的服務對象是以長者為主，而且名為「老人福利基金會」，但弘道已經看到未來的服務對象和輸送方式，絕對不能用以往這樣單點、線性的方式來提供，而必須以整體社區的需求為依歸，發展出以高齡者需求為主軸的服務模式。

日本先行者的啟發

弘道的執行長李若綺回憶道：「二〇二〇年時，弘道剛剛完成五年的策略地圖，其中一個目標是在社區經營可以讓長輩安心生活的場域；就在那個時候，我剛好受邀到日本大阪去演講，並走訪了當地幾個高齡照護服務機構和場域。其中，讓我印象最深刻的就是位於大阪的『Happy House』（參見p.291）。」

「我從來沒有想過，老人照顧的場域可以這麼有活力！這麼歡樂！」的確，每個到Happy House參訪過的人都對這裡不分年齡的參與者所展現出來的活力印象深刻，老人、小孩、身障者、外國人、街坊鄰居、不分男女，在一樓的共同生活空間中，看起來是各自做著自己喜歡的事，也看起來是彼此互動，雖沒有制式的活動，但整個氛圍非常地溫馨、有活力，完全顛覆了李若綺對於照顧據點的想像。

回國後，在Happy House看到的景象常在李若綺的腦中揮之不去，在和同仁討論到基金會未來發展時，也發現大家的共識是整體的服務發展思考應該更多元開放，希望將既有的單一服務對象展開或延伸到社區裡其他的族群，例如：弘道真的只有讓長輩到關懷據點或日照中心接受服務就好嗎？弘道能不能關照社區中的每個長輩，甚至他們的家人，而不僅僅是那些固定到關懷據點或日照中心的人呢？

她強調，如何讓各式各樣的服務可以更好地回應社區居民的需求，從而提升長者的生活質量，而不僅僅是關注長者的需要，是弘道未來要努力的方向之一。尤其是走訪國內外這麼多單位和看到一些創新服務之後，她更相信臺灣的社區照顧體系，從空間設計到服務內容都應該更多元；從工作人員到參加者的思維，也要更與時俱進才行。

在弘道的六大策略面向中，「每一個面向都和推動共生社區息息相關，例如友善環境這一塊，當我們講aging in place，以往會說是在『宅』安老，現在則更廣泛地認為是在『地』安老，這個地就是社區，照顧支持一個長者的需求不會只侷限在家宅的範圍，從他所處的環境的硬體、空間到在社區裡的交通動線、鄰里關係、支持體系等，都是完成在地安老重要的元素。」李若綺強調。

此外，社區照顧體系的政策發展至今，在組織發展和服務模式上似乎也面臨了瓶頸，弘道做研究調查後的結果也驗證所想，「現在正是適合改變的開始」。

Happy House

Happy House 是「株式會社Happy」成立於日本神戶市郊的附（介護）服務、多世代共生宅，創辦人是現年三十八歲的首藤義敬先生。他本是一位不動產經紀人，一直很嚮往大家庭式的生活方式，當初為了方便照顧自己的父母、祖父母和小孩而興起了大家住在一起的念頭，後來他把位於神戶市長田區一棟六層樓的廢棄公寓承租下來，開始打造多世代共生共融的Happy House。

他在啟動這個計畫之前先和周邊上百位居民討論，蒐集他們對於這棟建築物的想像，問他們想在這裡完成什麼事情？結果出現各式各樣的有趣答案：有人希望這裡是圖書館、電影院、餐廳、兒童遊戲室⋯⋯他把這些回饋彙整後放入整個Happy House的設計理念中，產出了一個「很難被定義」的多世代共生歡樂宅。

共生宅的第一層是公共空間，利用者不限於住在共生宅的居民，很多是住在附近的鄰居；偌大空間裡同時有不同的活動在進行，沒人特別帶領或主導，有孩童寫作業、媽媽們聚在一起聊天、小朋友和長輩一起打桌球，然後有人拿了蛋糕出來要為百歲長者慶生，大家就圍過來一起唱生日快樂歌⋯⋯這些交流和互動都是自然而然發生，「我們不想打造一個制式的環境，而是希望打造一個日常的風景；每個人的所思所想或許不同，但還是可以分享空間，一起自在地生活。」首藤先生說。

二到六層則有四十五間獨立住房，許多租給獨居長輩，其中八成以上為失智者。房間的設計以「環遊世界」為主題，從日本的昭和懷舊風，到亞洲、美洲、非洲主題都有，每個房間的擺設和牆面壁紙讓長輩自由選擇和發揮，雖然看起來五花八門、毫無一致性，但也增加了失智者對於自己房間的辨識度。

Happy House 成立於二〇一七年，不按牌理出牌的首藤義敬稱自己是「混亂創作家」（chao creator），然而就是這種「混亂」和「無序」的氛圍，才是吸引形形色色的人到這裡來共同生活和參與其中的核心精神。他們也從居住在此的六十人開始，向外擴散他們的核心策略思維：一、不因疾病而權益受限；二、不因輟學而中斷學習；三、帶動社區生命教育；四、建立世代混齡共融。Happy House 持續利用社區裡不同的閒置空間，以不同運動或結合其他有趣的方式，來逐步串聯或關照社會中被忽視或漏接的族群。[3]

破什麼框？弘道如何用破框思維開始共生旅程

大家若只看上面的內容，會覺得弘道一開始就掌握了共生社區的發展方向並建立了相應的發展論述，很了不起，也好奇他們怎麼做到的？但其實二〇二〇年當弘道開始要往共生社區的方向發展時，除了一些很美好的想像畫面及感覺以外，其實充滿了不明確性，也完全不知道該怎麼開始或如何行動。

「我只知道，我們一定要從內部開始動起來！而且想法做法一定要和以往不一樣，我也鼓勵同仁放手去做！」李若綺說。當年弘道和社會企業銀享全球合作，在內部啟動了一個創新型計畫，「一開始我們並不是用『共生社區』這個名稱，而是用『新型態場域』來稱呼，透過工作坊跳脫框架、讀書會有目標的閱讀與討論、國內外案例分析、海外研修等做法，慢慢把共生的思維灌注到夥伴的腦海中。」

當時弘道先選了六個內部場域（二十人）進行實驗計畫，透過國際案例的學習和工作坊的操作，打開弘道夥伴關於創新的種種想像，然後鼓勵他們在自己的場域中進行小型的實驗，得到真實的回饋後再回去修正自己原先的假設，然後再實驗……一步步地從打開視野，到建立新的觀念與方法，然後落地執行，邊做邊學、邊做邊改。

弘道和銀享全球為了開啟新的議題而展開合作，弘道負責專業團隊、社區場域提供和營運發展規劃；銀享全球擔任國際窗口，提供案例分享和輔導培力。在這個過程中，弘道開始意識到：原來，弘道很期待的新型態場域和社區照顧價值，就是日本的「共生社區」模式。

計畫啟動沒有多久，全球受到COVID-19疫情的影響，開始了社交距離的約束與要求，原本計畫中許多實體面對面的設計都只能一再延後，甚至停擺；預定的海內外參訪研修工作坊都只能改成線上。所幸雖然方式改變但目標不變，弘道內部針對共生的推動持續進行。

打破既有框架，談何容易？政府行之有年的社福體系和核銷制度，是難以推倒的高牆

即便基金會積極推動，也決定授權六個場域負責人相當大又有彈性的「創新實驗空間」，但對於一直以來都是以接受政府經費或民眾捐款來執行任務的非營利組織工作人員來說，這是相當大的挑戰。

「一開始推動時，改變大家的觀念是最困難的。」主責這個計畫、銀享全球當時的營運長鄭文琪表示。二〇二〇年一月啟動共識會後，他們先做了前期的調查，參加計畫的二十六位弘道夥伴中，有近七成（六十八％）的人表示不了解這個計畫要做什麼，甚至表示自己的場域不確定是否符合要求，「顯示大部分的人都害怕改變，尤其是在工作上，也擔心在業務繁忙時沒有足夠的時間可以投入、認識或準備。」因此計畫的設計就在於透過大量國際案例，尤其是日本案例的導入，讓大家相信：「這件事情是做得到的！端看你願不願意而已。」

基金會也由上而下，從高階主管群取得共識，支持並放手讓夥伴去嘗試。「既希望給工作夥伴多一點可以自我想像、彈性發揮和實驗的空間，但也要做到accountable（當責），收放之間，非常考驗組織和領導者的智慧，再加上不同地區、不同主管有不同的領導方式，其實光是內部的溝通和整合就很花力氣。」李若綺說。

她指出，其實「推動共生社區，把觸角向社區裡其他人群伸展以符合在地安老」這樣的想法，對於弘道夥伴來說並不難理解與認同，「難是難在打開想像力，跳脫現有的服務設計框架，去提供不同以往、可以服務不同族群的新服務。

「以關懷據點來說，政府會去看你有沒有做到四項服務裡面的三項①。這樣的設計本來是希望讓經費補助有客觀依循的標準，卻成了社區成立關懷據點的標準服務套餐，甚至是服務升級和擴大時的障礙。」

根據衛福部社家署網站二〇二四年六月的據點清單列冊，全臺目前有五千五百二十七個據點，他們都是申請照顧據點的計畫經費補助，接受政府輔導而經營，每週開放的天數不一，基本設計是開設各種課程讓長輩參加，所謂經營得「好」的據點，大多是指十個時段（週一到週五，每天上下午各一個時段）課程排得滿滿，然後長輩參與的人數也都有達到政府的要求，就可以透過嚴謹的核銷方式去請領補助經費。而這一套行之有年的關懷據點運作模式，卻可能在推動新型態共生社區時，成為場域和人員思維轉換的最大絆腳石。

弘道夥伴不管是自己經營據點，還是承接據點輔導計畫或培力案，都是申請政府的

圖九、據點共生思維轉換圖

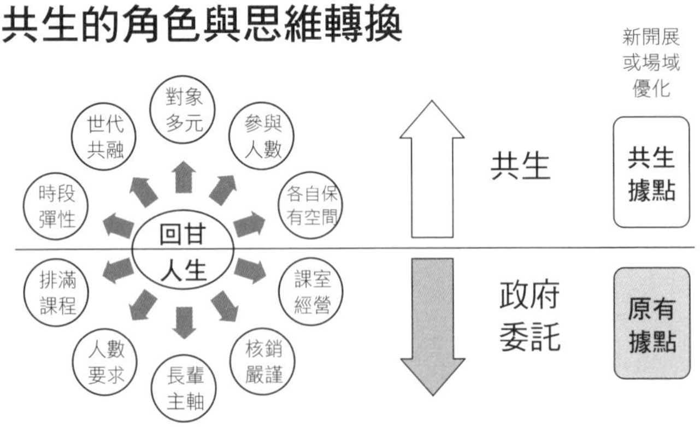

弘道內部以此圖來幫助同仁了解從原有據點轉變為共生據點時，角色和思維該如何轉換。

資源來進行，受到經費核銷機制的導引，非常受制於上述的服務框架。

「一直以來大部分關懷據點的主事者，包括弘道自己的工作人員，都是處於拿政府補助來發展關懷據點的方式，因此得先滿足政府的KPI，例如：辦理課程、達到上課人數、開課次數等，但這和強調自主發展、從社區裡自己長出來的共生社區模式，著重生活感、要有留白空間、注重個人能力等共生思維其實相當背道而馳，所以大家花了很多的時間在摸索和了解什麼是共生的思維？屬於我們社區自己的共生精神和模式又是什麼？」

李若綺指出，其實整個高齡福利服務從關懷據點到不同層級的照顧中心（日間照顧中心、安養中心、養護中心、護理之家等），都有非常嚴格的規定和評鑑方式，目的是符合政府管理、監督與防弊的用意，就算後來設立社區金點獎，用來鼓勵「做得好的社區和個人」，它的審核和評審方式，幾乎還是沿用同一套制式且行之有年的考評標準，而這套標準一直是社福組織人員奉行不渝的工作準則。以往在評鑑和考核中列為優等的單位，幾乎都是把這一套政府要求做到精通的單位。

同時，傳統的關懷據點設計的目的只讓接受服務的長輩和志工參與，社區居民沒有機

①指關懷據點可從長者關懷訪視、電話問安、餐飲服務、健康促進四項中提供三項以上的服務。

會也沒有意願走進來。要打造有共生精神的社區據點，第一件事就把門打開，讓社區裡所有人樂意且放心地走進來。但光是這樣的想法和做法就和原來的服務思維大相徑庭，相當考驗工作人員的整合與溝通能力；而原來使用據點的長輩有些也擔心一旦開放參與，會讓自己的使用權益和資源被奪走或受到影響而呈現保守的心態。

「長期受到政府框架的制約，再加上弘道本身過去少有經營社區場域的經驗，所以剛開始時即便給夥伴很大的空間與權限，一直給他們打氣說，沒關係！你可任意想像，盡量放手去做……他們也沒有自信，因為他們連怎麼想像？可以想像到什麼？怎麼樣來開始？都沒有線索……光是突破原先想法上的禁錮，對夥伴來說就很困難。

「有些時候，我們真的得對在地服務的夥伴說：『你有什麼想法就先去做！如果因為改變新的方式而無法申請到政府經費，總會這邊會協助你，你們至少先嘗試看看！』」

李若綺提到，「員林好客廳」就是這樣的狀況，這個希望不要拿關懷據點經費來經營的「共生場域」，希望做到對更多的人群開放，服務時間更有彈性，內容更有生活感，而堅持不用傳統關懷據點的營運方式——招收固定長輩當學員，每日照表操課，而是希望和經常來此的附近居民開始一起營造屬於好客廳的「生活感」和「共生模式」，從硬體和氛圍都希望重新呈現，「但遇到的第一個挑戰就是，夥伴反覆確認：真的可以不拿政府計畫嗎？真的可以放手去做嗎？可見政府框架是我們在鼓勵大家創新時，最難推倒的一座高牆。」

這樣的推動障礙不只發生在內部，也發生在弘道負責輔導和培力的許多外部單位所經營的關懷據點上。截至二〇二三年底，弘道自己直營或輔導的社區關懷據點共有約七百五十八個，也都面臨同樣的挑戰。

如何推倒這座高牆？政府一定要先轉換並重新設計引導社區發展和服務內容的機制，才有機會促成真正的改變。

透過不斷嘗試與修正，以破框思維引導夥伴進行共生的角色轉換

弘道於二〇二〇年開始推動「共生社區人才培育計畫」，在以高齡者為服務主軸的基礎上，運用共生精神翻轉原本的高齡照顧思維，使社區裡不分男女老幼的每個人，都可以貢獻自己能力，成為幫助其他人持續在社區裡好好生活的支持力量，將過往單向的高齡照顧模式，擴展成社區居民彼此自助與互助關係。

同時，弘道從北至南選擇數個場域，開始小規模嘗試將關懷據點發展成「共生型的社區據點」。隔年集結國內實務專家、老師籌組共生教練團，開始陪伴與協力更多其他在地社區發展創新據點模式。二〇二三年二月召開弘道全會共生社區共識營，攜手各區域社區

工作夥伴進行階段性對話並梳理資訊，集結眾人的觀點後彙整未來三年對於共生社區的期待與詮釋。

弘道推動共生社區的努力過程中，雖然前進的方向一致，但腳步各有落差。從第一年的六個實驗場域，弘道一步一腳印地開啟和執行內部的新型態場域實驗計畫，其中有諸多轉折，有些原本選定的實驗場域並沒有持續下來，也有原來沒有加入但後來卻意外成功的場域。

一路行來，弘道逐漸從摸索中找出一條邁向共生社區的道路，並找出可以讓夥伴理解並操作的方式。例如要求夥伴對於據點的想像是「從舉辦很多課程，到經營一個場域」；「從邀請長者參與課程，到一起生活日常」；「從去社區、到長輩家，做到弘道就在社區裡。」

弘道的共生社區發展現況

截至二〇二三年年底，弘道有九個場域正在推行共生社區的實驗或轉型成「共生型據點」，並用「好客廳」這個品牌來稱呼這個系列，包括：高雄前金區「林投好客廳」和「東金好客廳」、彰化「員林好客廳」、屏東「潮州好客廳」、桃園「八德好客廳」，另外不以好客廳為名，但也在發展共生服務的還有臺中大里社服中心的樹仔咖據點，以及嘉義縣的義和、猿樹兩地，加上家庭照顧者據點所推動的「暖一點」系列。

弘道總會服務發展組組長李昱璇說，經過這幾年的實驗和推動，逐漸可以看到夥伴的進步，「弘道身為雇主，充分賦權和賦能員工，讓他們在社區裡有所發揮。果然，一旦整體文化和氛圍改變，大家把想像力打開，開始不斷去發想和串聯，在地感和生活感就逐漸浮現。」她指出，二〇二四年開始的四個共生型計畫，有兩個沒有對接任何政府資源，「充分讓夥伴們突破框架從零開始想像與設計共生社區樣態，看到他們不論是心態還是思維上都出現了明顯的轉變，結果滿令人驚豔的。」

例如弘道受臺中市府委託進駐「東區臺中公園一期好宅」（社會住宅）一樓公共空間，他們決定將其定位成「生活X體能實驗室」，期望透過經營社區健身空間，來作為社區共好工作的主要載體，讓社宅從原先只是「住在一起」的現況，變成「共同好好生活在一起」的樣貌。他們打造了兩處社區共好空間：體能實驗室，提供由肌力與體能教練帶領的一對一自由重量訓練；以及團體肌力課程，讓參與者透過訓練「身體功能自主」感受到「個人自我價值」的變化。

弘道在這裡倡議大家「一起生活」、「一起學習」、「一起長大」，讓社區公共空間中開始出現形形色色的族群；邀請五十五歲以上熟齡朋友參加「為自己而跑」的馬拉松訓練營，鼓勵每個人參與，讓他們逐步提升自我價值感，從而獲得未來自主生活的能量⋯⋯這些都是不同於以往的嘗試。

弘道「共生社區」的推動歷程

- 二〇二〇年：思考弘道在社區的角色能夠轉換的更與居民同在，和銀享全球交流後，試辦新型態共生社區推動場域，結合日本「共生」理念及各國案例討論，成立六處全齡服務的共生型據點。
- 二〇二一年：延續實踐及據點培力，運用共生精神發展的實體場域累計達到十一個。
- 二〇二一年：調查熟齡族群的需求及對未來社區場域的期待，產出《熟齡生活報告書》。
- 二〇二一年：開展「共生型據點培力計畫」，致力陪伴與協力其他在地社區組織發展創新據點模式，本年共培育十二個在地組織。
- 二〇二一年：衛生福利部公彩回饋金辦法採納弘道建議，在高齡者支持與共融服務的主軸項目中，加入共生為補助規定工作項目之一。
- 二〇二一年：弘道「東金好客廳」躍上社會福利數位博覽會成為高齡創新示範據點。
- 二〇二二年：共生型據點培力計畫開展第二年，精進培育的模組架構，本年共培育八個在地組織。
- 二〇二三到二〇二四年：確立弘道的共生五大核心面向；共生型據點培力計畫開展第三年，調整以兩年期深化培育方式，培育十一個在地組織，共計三年培力三十一個外部組織。

【結語】從日本共生社區走走看看之行談起

二〇二三年春天，我正在日本自助旅行，忽然接到弘道執行長李若綺的訊息，說她五月初有一個星期的空檔，知道我正在日本旅行，想問問有沒有機會在東京會合？一起去看看東京近郊的共生社區和服務。

我一聽，當然好！我的這趟自助旅遊行程本來就是以走訪和體驗不同樣態的共生生活為主：四月初先到北陸能登半島回訪了佛子園的村岡裕先生，疫情期間只能透過線上向他學習，對於他分享佛子園在輪島的共生社區「輪島 Kabulet」一直心嚮往之，所以就決定在輪島住一個星期，深度體驗這個社區（沒想到二〇二四年當地發生地震，真令人傷心！）之後去參訪位在富士山腳下，力行跨代共融、永續生活的木之花生態村；還透過 WHOOF JAPAN 到紀伊半島的熊野波田須町天女座咖啡館和九州熊本旁菊池町的友作農園打工換宿……如果能再走訪一些東京近郊的共生場域，不正為這段多元的共生體驗旅程留下完美句點?!

所以我馬上改變行程，準備屆時到東京和她會合，不過我也擔心，我接下來一直在路上，沒有辦法好好規劃行程，並和參訪單位聯繫討論，怎麼辦呢？結果李若綺說，不擔心！我們此行不是正式拜訪，而是用路人甲的角色去當神祕客，「他們都說共生社區的特色就是開放性和公共性？生活感是最重要的，那我們就實際去觀察體驗看看嘍！」

這的確是一個好主意！以往無論是帶團出國或自己去機構參訪，都會事先和對方約好，去了也都會有專人帶領進行說明和導覽，有時我會忍不住想：這真的是他們平常生活的樣貌嗎？沒有人參訪的時間，他們是怎麼過日子的呢？

在李若綺的安排下，我們去了最近在臺灣很紅的春日臺，拜訪了位在東京墨田區的社群洗衣館Kissa Laundry、高齡住宅銀木犀，回訪了廣受肯定的葵照護和他們最新的青銀共居公寓、日本最早的社群咖啡館橫濱港南臺小鎮咖啡館和Jupi的緣廊；還去了兩間位在千葉縣，讓人幸福感十足的社區麵包店彼得潘；朝聖了幾位我們心目中的銀髮偶像：網路上爆紅的布丁爺爺；新宿車站附近、只有四個位子和三道魚料理、一人獨力經營小餐館的魚爺爺。

以神祕客的方式到這些共生場域逛逛，的確給了我不同的視角和發現，也讓我能真實觀察到這些地方所謂「歡迎任何人來坐坐！」「希望每個人在這裡都感到舒服自在！」是口號還是真正落實在生活裡，畢竟這真的是最難的！過去我在臺灣也曾參訪一些所謂的共生社區、高齡友善社區或失智友善社區，他們都標榜有這些那些的設計與服務，然而一旦沒有了長官指導或參訪人群，沒有媒體的鎂光燈，這些所謂的友善設計和服務經常空洞地只剩下口號和看板而已……。

我們一直視為標竿的日本的共生場域不會也充滿了這種樣板設計吧？我忍不住想。所以以一般民眾的方式走訪，可以給我真實觀察和感受這些場域的機會。我們拜訪的幾個點來自於我們心目中的一本小小聖經《開一間鼓勵交流的社群咖啡館》（時報出版，二〇二一）。這是橫濱港南臺社群咖啡館 Town Cafe 創辦人齋藤保先生所著的一本書，融合了他近二十年的經營心法和實戰經驗。

我們也去得獎連連、在臺灣最近知名度甚高的春日臺，看這個集合了團體家屋、日照中心、社區洗衣房、支持身障就業商店的共生場域，號稱沒有圍牆，誰都可以駐足停留，是真的嗎？

記得去的那天有點下雨，一大早沒有很多人，一開始我們在這個漂亮的建築物旁走來走去，想先搞清楚這些不同的設施到底是怎麼毫無違和感地被放在一起，也想看看真的沒有門禁嗎？他們提供服務的日常長什麼樣子？決定借用洗手間，沒問題啊！有位看似工作人員的人給我們指引方向，叫我們從哪個門進去，但也沒有覺得我們很奇怪，或想跟我們多說什麼。

然後我們坐在旁邊靜靜觀察，看到兩個青少年騎著腳踏車在附近兜轉，還跑去長輩開的雜貨店買東西；一個媽媽帶著大約兩歲的兒子一邊散步一邊玩耍，一起在廣場上吹泡泡；設施裡的工作人員帶著長輩們在外面散步，一邊看著路邊美麗的花一邊聊天談笑，小朋友很自然地和長輩玩在一起；一對白髮夫妻帶著衣服到自助洗衣房去洗後就在可樂餅店點了咖啡和點心坐在門廊上吃了起來；持續看到一個感覺在臺灣應該會被認為是「在遊走」[①]的長輩在建築物旁的迴廊裡慢慢走著，時不時有工作人員陪伴著，不是強制地帶著他走去哪裡，而就是在他的身邊、依他的步伐陪伴著……。

這一幕讓我想起後來有機會聽春日臺創辦人馬場拓也先生的演講，儘管大家對他把圍牆打掉，讓長照設施和社區居民共融的做法高度肯定，但也有很多臺灣的長照專業工作者抱著半信半疑的態度，不相信這樣的做法在臺灣真的行得通嗎？有人就問他：沒有圍牆和門禁，要怎麼防止失智者外出和到處遊走？萬一他們出了什麼事，機構可是要負責的呢！沒有人敢承擔這樣的責任啊！所以你看臺灣的失智日照中心，總是門禁森嚴，為了怕長輩跑掉，還會用假門等設計，讓長輩不會跑出去……。

他聽完上述問題後反問：「為什麼你會覺得他『要離開』？是『在遊走』呢？如果是我開門走出去，你會馬上來制止我，不准我出門嗎？為什麼這個先生一打開門走出去，我們就擔心他遊走了？會發生危險，要趕快制止他呢？」

我不知道別人覺得如何，但當下聽到馬場先生這一席話時我十分震撼。這個問題有標準答案嗎？或是我們期待聽到什麼樣的回答呢？我們一直說照顧要以人為本，那什麼樣的照顧才算是以這個人的需求為本呢？當一個失智者似乎不能清楚表達他的感受時，我們怎麼依循他的「本」？我們的照顧如何表達出對他個人的尊重？

臺灣和日本的照顧法令、方式、民情和文化或許不盡相同，但我相信日本對於長照機構的管理也很嚴謹，但馬場先生為何敢如此大膽呢？他到底在想什麼？我覺得也許從一開始他就沒把自己當成長照設施的經營者，他想的不是怎麼管理一個機構，也不是想著這些人要怎麼被有效率地管理，而是我身為社區的一員，要怎麼和他們一起在這裡好好生活？我可以做什麼讓他此時此刻的生活更自在、更滿足、更有意義？

在寫這本書的時候，我也回想到馬場先生這段話所帶來的意義。走過看過體驗過觀察過國內外這麼多的共生社區和場域，我越來越覺得共生社區可以試著營造，但無法透過一套方法複製擴大；而在營造過程中最重要的是，喚起居民的社區意識，不管是透過什麼樣的方法去啟動它。一起打掃環境，一起抗爭外來的汙染工廠、一起做一個年終市集，總之大家「在一起」這件事情很重要。

---

① 失智症症狀之一，常發生於輕到中度的患者。患者會感到莫名焦躁，坐立難安而走來走去，但又說不出要做什麼或要去哪裡。

因為共生思維是超高齡社會的重要解方，所以政府透過宣示（高齡政策白皮書）、撤錢（長照二・〇和各項政策）等各式各樣的管道想要努力推動共生社區思維，甚至期望透過原有的社區照顧關懷據點或日照中心等長照機構去進行轉型，來達到政策目標。

但我必須老實說，關懷據點或日照中心等長照機構的設置和經營方式有其針對性和目的性，有時候可能和共生社區強調的開放性和公共性完全背道而馳，因此不是表現優異的長照據點就有機會成為最佳的共生社區場域，有時候可能剛好相反。

「據點」，字典上的解釋是指軍隊戰鬥行動所憑據的地點，或是據以活動的地點，或是日韓企業總部以外的分公司或辦事處，它基本上是屬於一個服務輸送體系的一部分，有強大的功能性；但共生社區強調的是沒有既定模式、開放性強、流動性強的「聚」點，所以整個思維從一開始就不一樣，硬要把關懷「據點」轉型成社區共生「聚點」並不一定適合，還要有諸多條件的配合。

書中分享的十一個案例中，有三個屬於政府體系下的社區照顧關懷據點：弘道老人福利基金會的高雄前金關懷據點、彰化埔鹽大有社區關懷據點和新北永和民權社區關懷據點。他們在重新解構社區關係、建立互助網絡、創造跨代共融和建立居民自主等都有新的嘗試，也有不錯的成績，所以從關懷據點來操作不是不可行，但主其事的人和單位怎麼調整營運心態，有沒有破框思維和願不願意大膽嘗試，增加組織內外的開放性和交流性，把居民拉進來並做到以居民為中心，一起找出並嘗試解決社區裡的痛點非常重要。

其他的案例，有從在宅醫療出發打造共生社區的臺東都蘭診所；社區營造的優等生持續進化，包括嘉義新港文教基金會和花蓮牛犁社區交流協會；有位在偏鄉以合作社形式展現出共生典範的臺中和平伯拉罕共生基地；也有從居住需求出發，建立青銀共居模式的臺中沙鹿好好園館；從學校計畫開始而後持續在社區努力的基隆暖暖防跌互助換工計畫和臺南市的 Oh Old! 青銀共創平臺；也有從來就不是以經營共生社區為目的，但做的每一件事其實都是在營造共生社區的獨立書店——臺東長濱「書粥」。

除了這些案例，我相信在臺灣還有其他更多在社區深耕的個人或團隊，他們從各式各樣的目的出發，想要讓自己生活的社區環境更美好、鄰里關係更和睦、互助網絡更健全；他們可能沒有想過或大聲說自己正在做共生社區，但做的每一件事都是共生社區所需要的……現在或未來，一定會有更多這種充滿生活感和交流感的小店、場域在臺灣各地開展。

而這正是書寫這本書的終極目標，希望以此書作為臺灣邁向共生社區時代的起手式，讓更多人認識這個概念並參與進來；我們的目的不在成立一個共生社區集團，而在開始一個名為「共生」的社會運動，建立社群、互相學習、彼此陪伴，未來我們也希望持續透過網路平臺，和大家分享國內外共生社區的新知與案例。歡迎大家和我聯繫，分享你關於共生社區獨特的歷程、想法和故事。

【後記】

尋找洪班長——讓「優世代」成為在地安老的關鍵力量

再不到幾個月，臺灣就將成為六十五歲以上人口超過二十%的超高齡社會，媒體和民眾普遍對於超高齡社會的快速來臨抱持著恐懼和負面的心態，而忽視了其中可能蘊藏的巨大潛力和機會。其實，人類快速高齡化創造了一個全新世代——The Young Old，簡稱YO（優）世代。善用優世代的力量，結合共生社區的推動，我們可以讓臺灣的人口超高齡化變得不那麼可怕，讓人人都可在地安老的幸福高齡社會成為可能。

什麼是「優世代」？

二〇一九年年底《經濟學人》（*The Economist*）刊載了一系列文章討論人類在邁入二十一世紀的第二個十年，即將面臨的改變與挑戰，其中一篇文章名為「The Decade of the

Young Old Begins」，提出了「young old」的說法，強調因為人類平均餘命大幅延長，傳統關於老年的定義已經無法形容現在的高齡人口現況，老人應該分成「年輕的老人」（young old）和「年老的老人」（old old）。年齡層大約介於六十到七十五歲（或上下各增加五歲）之間的這群「年輕的老人」(young old)，在此稱為「YO世代」（我用「優」世代來稱呼），他們和傳統的老人樣貌大相徑庭，可以說是一個全新的世代。

醫療和公衛的進步讓人類的平均餘命變長，尤其是已開發國家的人，平均健康餘命快速增長，也讓所謂的老人面貌大幅改變，現在的六十五歲和十年前或二十年前的六十五歲，已經完全不同。高齡領域權威醫師陳亮恭曾在演講中指出：臺灣在短短七十年，平均餘命就增加三十歲，邁入人類有史以來首見的集體高齡化。

但當人類的平均餘命增加時，並不是老年的時間增加了，而是中年的時間變長了。這群歷史上從來沒有出現過的「新新人類」有幾個特徵：他們的年齡雖然符合世界衛生組織（WHO）的高齡者定義，但大多數人身體健康、教育水平高、口袋深、社會影響力大。他們許多人還想持續參與並貢獻社會，但受制於傳統的退休架構或對中高齡者的刻板印象，機會非常有限。

優世代是「新新人類」

「優世代」和「青少年」（adolescence）族群一樣，是因應社會發展而被創造或重新定義出來的一群人，在定義了名詞之後，各種社會學、心理學、教育學的論述相繼出爐，各式各樣的需求被挖掘出來，相應的供給和解方也跟著出現，形成供應鏈，最終變成一個全新的市場。

優世代其實也潛藏了這樣龐大的機會。尤其是現行的退休制度和養老設計完全不符合他們所需，因此需要針對他們的身體、心理、社會連結等各種需求重新檢視整理，進而提出全新的架構，甚至與之共創的全新解決方案。

對於許多快速進入超高齡社會的亞洲國家來說，重新定義人口的結構，並讓這群人再次投入社會非常重要，日本、韓國、新加坡都有相應的措施，不僅僅是保障中高齡就業而已，而臺灣在這一塊則剛剛起步。優世代對待工作的看法，和傳統透過就業來獲取酬勞支付生活所需的想法相去甚遠，所以不應該用傳統思維去思考和設計他們需要的工作及生活方式。

「優世代」不只是中高齡就業，它代表全新的機會和市場，要用全新的觀點面對

大部分的人和媒體報導在談到超高齡社會來臨時，多著重在老人變多、照顧負擔變重等負面影響。很可惜的是，他們都沒有把優世代從這樣的論述中切分出來。這幾年雖然政府致力開發中高齡人力，但還是用傳統的勞動力需求在對應，沒有把優世代當作一個具有生產力、能帶來全新改變的群體看待，完全不論其可能帶來的潛力與機會，是國家發展上很大的損失。

受制於傳統六十五歲退休的傳統觀念和架構設計，優世代被視為不具生產力的退休人群，成為社會最大宗的閒置人口。在臺灣社會，儘管他們大部分學有專長（許多是軍公教人員或專業經理人退休），財務無虞（許多不但有基本年金保障，也是臺灣經濟起飛的受益世代，因此財務上相對寬裕），身體健康、興趣廣泛，許多人可能要在家照顧長輩或兒孫，但都還是找尋時間和空檔出外旅行、進行社交、學習新知、擔任志工，追尋更高的自我實現。

誰是「洪班長」？

你看過韓劇《海岸村恰恰恰》嗎？這齣戲讓我印象最深的就是男主角各式各樣的工作和角色。

「洪班長」是劇中男主角的綽號。住在靠海小漁村的洪班長是一位三十代男性，雖然曾在大都市受過菁英教育、在投資公司上過班，但因為種種人生的因緣際會，他選擇回到從小和祖父相依為命的海岸村過著簡單卻富足的生活，表面上看起來他似乎浪費了大好前程，是個到處打零工、賺取最低工資的人；但實際上，他是一個真正的「自由人士」，他決定自己要不要工作？做什麼工作？何時工作？「洪班長決定要休假時，任何人都不能去打擾他！」劇中的人物說道。休假時的洪班長，衝浪、做手工皂、讀書、釀酒，把生活過得有滋有味。

劇中也刻劃了面臨超高齡社會來襲的韓國人民生活，村落裡有形形色色不同年齡層的人，其中不乏有子女但卻選擇在海岸村獨居的幾位長輩，洪班長是他們共同的「孫子」，和他們作伴、幫他們處理生活中說大不大、說小不小，但老人家通常無力處理，或是沒做就很不方便的事，例如：換季時把厚重的棉被拿出來清洗整理、把束之高閣的行李箱抬出來晒晒太陽，或就只是爬上椅子換個電燈泡等，也或許是時不時陪伴長輩用餐，讓擅長廚藝的長輩還可以持續煮飯給「孩子」吃，感到開心。

劇中描繪關於洪班長和長輩之間的社區生活點滴，放在臺灣社會也毫不違和。例如八十歲的坎離奶奶一天到晚把「在首爾當會計師的兒子和在美國讀書的孫女」掛在嘴邊，但現實生活中，她只能用電話和他們偶爾保持聯繫，廚藝甚佳的她雖然想卻無法做飯給遠在天邊的孫女吃，有事情也無法透過電話和住在首爾的兒子好好商量……當她因為牙痛只能躺在家裡休息，想吃粥時打電話的對象是洪班長而不是遠方的兒子，是她身邊以洪班長為主的社區人際互助網絡，讓坎離奶奶可以好好地住在老家，實現在地安老的願望。

「洪班長」這個角色成了長輩是否可以好好在地安老的關鍵

美國推動在地安老的組織Village to Village曾指出，美國有超過九成的長者都想在自己的家中安老，「而讓長輩可以好好在家安老的關鍵，不是更多的醫生或護理師，他們需要是一個可以幫他們解決各式各樣小問題的handyman（雜活工）」，洪班長就是這個handyman。

我們想借用「洪班長」的角色原型來作為讓長輩在社區裡安老的關鍵人物之代名詞，我們也可以用「X班長」來稱呼他們。臺灣有近四百七十萬五十歲到七十歲之間的優世代，他們將是在臺灣各個社區擔任洪班長的最佳人選。臺灣的優世代熱衷學習和旅行，也還有精力奉獻社會，我們若能善用臺灣旅遊十分方便的特性，結合他們喜歡學習和到處趴趴走的需求，並讓他們的關注力從利己擴大成利他，創造出更多有意義的旅行和社區連結，就有機會把他們轉化成在臺灣社區協助在地安老的關鍵人物「洪班長」。

我相信，透過更好的環境及工作再設計，不同領域間的引導與媒合，我們有機會轉化一部分「優世代」人口，成為臺灣超高齡社會中活化社區的生力軍，甚至和地方創生的青年團隊協同合作，創造出更符合二十一世紀人類的生活方式，不管是對哪一個世代，都有正面的影響。

號召「優世代」成為「洪班長」，透過有意義的Long Stay深入社區，成為在地安老的尖兵

優世代要能在地方上發揮力量，合作組織的態度和能量至關重要。初步規劃是從返鄉青年、傳統社區發展協會和NPO據點等三個形態中選出有意願合作的社區進行駐點實驗，預計在每個社區停留七到十天，以「優世代實習生」的身分生活在社區，和社區人士共同盤點需求、腦力激盪，找出優世代實習生在社區裡可以扮演的角色，甚至是有償的工

作機會和內容，協助開發或優化成其他人也可以參與、長期能為社區帶來助益的「優世代long stay方案」。

同時效法美國Cogeneration Encore Fellowship計畫、50+和平使節團（Peace Corp for 50+）、韓國首爾50+基金會（Seoul 50 Plus Foundation）、日本銀髮人才資源中心等組織設計，期望在臺灣也能結合資源建立常設性的組織，提供永續性的方案，持續引領和設計優世代利他型的就業與生活方案，成為打造共生社區的生力軍。

我們希望，藉由和社區合作，形塑角色、打造舞臺讓優世代透過參與成為行動的世代，讓優世代人群和臺灣在地社區建立更多連結，提供他們參與地方生活的多元管道，透過行動參與實踐利己利他的第三人生，讓這群人和臺灣社區共創出更富足且完善的高齡生活樣貌，「自己的老年自己設計」，打造屬於自己的在地安老幸福高齡社會。

我願意擔任第一個種子，持續走訪臺灣更多的社區long stay，用個人小小的力量分享各地正在綻放的行動方案，最終形成優世代人力與在地社區交流協作的平臺，多元發展、持續擴大影響力。

你，願意加入我嗎？

主要推動的政府單位	關鍵字
衛生福利部	社會融合、共享、互助
文化部／內政部	社區共識
國家發展委員會	共好永續、安居樂業

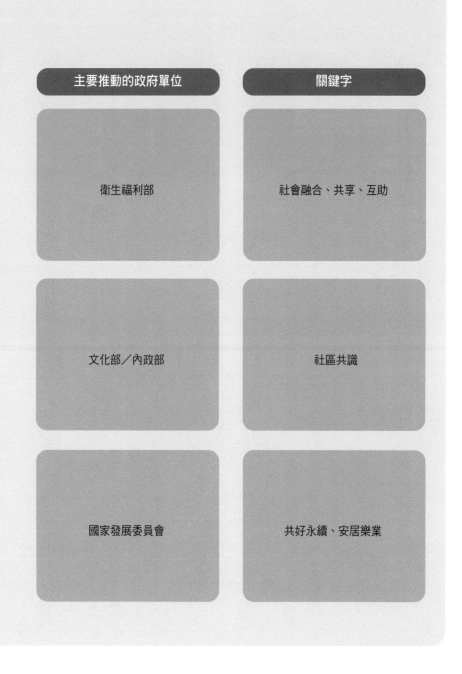

【附錄】

共生社區、社區營造、地方創生的名詞說明和比較

	來源與主要內容
共生社區	共生社區的概念源自於日本，是在超高齡社會下照護資金與人力不足而發展出的新思維，於2016年成立「共生社區社會本部」來推動，其精神是藉由打破「照顧者」與「被照顧者」界線，強調「每一個人都是互相協助的公民」，企圖喚醒每個人的公民意識，了解每個人在社區中都可以扮演某種角色，而不只是靠專家或把責任推給別人，也能互相認識、幫助，並適時運用政府照護資源，化解孤獨無依、無助，一起在社區裡好好生活。衛福部因應臺灣將邁入超高齡社會，2022年頒布的《高齡社會白皮書》更新核定版中，也將「營造在地共生社區」納入因應的行動策略之中。[1]
社區營造	社區營造的概念來自日本的造町、英國的社區建築和美國的社區設計，意指居住在同一地理範圍內的居民，不斷地以集體行動來處理共同面對的社區生活議題，解決問題的同時也創造共同的生活福祉，讓居民與居民之間以及居民與社區環境之間建立起緊密的社會聯繫，此一過程即稱為「社區營造」。重要核心精神為「由下而上」、「民眾參與」、「社區自主」、「永續發展」。「社區營造」本質上是社區發展政策，藉由在地居民的共同努力，改善生活環境，形塑社區認同感，政策目標在於啟蒙社區自主以及公共關懷，臺灣從1994年由文建會(文化部前身）開始推動。[2、3]
地方創生	地方創生亦源自日本，為因應少子化、鄉鎮人口流失及地方產業沒落而訂定，政策目標在提高地方人口與發掘特色經濟產業，希望地方發揮特色、並發展出最適合的在地經濟，讓人們不一定要在都市工作，也能夠到其他鄉鎮或回到故鄉，以改善高齡少子化、城鄉發展不均等問題。臺灣的地方創生源自行政院2019年推動的「地方創生國家戰略計畫」，並將當年定為臺灣地方創生元年，期待全民共同參與，以促進島內移民及都市減壓，達成「均衡臺灣」的目標。2021年的創生2.0強調產業發展、人才回流、關係連結、青年培力；2025年創生3.0主軸為地方復興、永續、公益、共好。[4、5]

一起在社區好好生活 : 把我變成我們 ,11 個臺灣共生社區實踐故事 / 楊寧茵 , 弘道老人福利基金會作 .
-- 初版 . -- 臺北市 : 時報文化出版企業股份有限公司 , 2024.08
336 面 ;14.8X21　公分
ISBN 978-626-396-575-1（平裝）

1.CST: 老年化問題 2.CST: 老人福利 3.CST: 社區式照護服務 4.CST: 臺灣

544.8　113010587

ISBN：978-626-396-575-1
Printed in Taiwan

一起在社區好好生活：把我變成我們，11 個臺灣共生社區實踐故事

作者　楊寧茵、弘道老人福利基金會｜**主編**　尹蘊雯｜**責任編輯**　王瓊苹｜**責任企劃**　吳美瑤｜**美術設計**　Dinner Illustration ｜**文字校對**　王奇可、林昌榮｜**內頁排版**　芯澤有限公司｜**副總編輯**　邱憶伶｜**董事長**　趙政岷｜**出版者**　時報文化出版企業股份有限公司　108019 臺北市和平西路三段 240 號 3 樓　發行專線—（02）2306-6842　讀者服務專線—0800-231-705．（02）2304-7103　讀者服務傳真—（02）2304-6858　郵撥—19344724 時報文化出版公司　信箱—10899 臺北華江橋郵局第 99 信箱　時報悅讀網—www.readingtimes.com.tw　電子郵件信箱—newlife@readingtimes.com.tw ｜ **法律顧問**　理律法律事務所　陳長文律師、李念祖律師 ｜**印刷**　勁達印刷有限公司 ｜ **初版一刷**　2024 年 8 月 23 日 ｜ **定價**　新臺幣 450 元 ｜（缺頁或破損的書，請寄回更換）

時報文化出版公司成立於 1975 年，1999 年股票上櫃公開發行，2008 年脫離中時集團非屬旺中，以「尊重智慧與創意的文化事業」為信念。

作者簡介

楊寧茵（Deborah Yang）

社會企業「銀享全球」共同創辦人。旅居美國矽谷多年，曾服務於科技新創產業，負責全球市場行銷，也曾在臺美兩地擔任媒體記者。2013年因協助臺灣紀錄片《不老騎士-歐兜邁環台日記》在美國上映，成功將臺灣高齡樂活的形象推向美國主流社會，進而投身銀髮新創領域。目前以高齡觀察家暨特派員的身分，持續走訪世界各地，透過國際連結、跨域整合，觀察並分享人類在長壽時代的機會與挑戰。

著有:
《全球銀力時代：從荷蘭「終身公寓」到「失智農場」，從日本「上錯菜餐廳」到「葵照護」革命，從英國「共生社區」到台灣「不老夢想館」，熟齡族才是未來社會的銀色資產！》

聯繫方式:
E-mail：colivingtw@gmail.com
Instagram：colivingtw

弘道老人福利基金會

有感於臺灣人口老化速度，弘道老人福利基金會於1995年成立，並隨著社會型態不斷改變下，從健康老化、優質照顧、經濟安全、自我實現、友善環境、人才育成六大面向，建構超過40項的服務，積極回應長輩和高齡社會需求。除關懷服務獨居、弱勢、失能長者外，從2007年舉辦「不老騎士」摩托車環臺活動後，迄今持續推動多元長者圓夢計畫，並於2019年開始推動共生社區，藉由持續推動各項方案與倡議，提供長者安心、精彩的老後生活，「一起道老，精彩美好」！

弘道官網:
https://www.hondao.org.tw/

不老食光

參考書目

許郁文（譯）（2021）。《開一間鼓勵交流的社群咖啡館！：Community Cafe經營實戰指南》（原作者：齋藤保）。臺北市：時報文化。（原著出版年：2020）

楊寧茵（2019）。《全球銀力時代：從荷蘭「終身公寓」到「失智農場」，從日本「上錯菜餐廳」到「葵照護」革命，從英國「共生社區」到台灣「不老夢想館」，熟齡族才是未來社會的銀色資產！》。臺北市：野人。

余尚儒（2017）。《在宅醫療：從Cure到Care，偏鄉醫師余尚儒的翻轉病房提案》。臺北市：遠見天下文化。

顧瑜君、張瀞文（2018）。《五味屋的生活練習曲：用態度換夢想的二手商店》。臺北市：親子天下。

曾鈺珮（譯）（2019）。《打造所有人的理想歸宿：在地整體照顧的社區設計》（原作者：山崎亮）。臺北市：行人。（原著出版年：2019）

李毓昭（譯）（2019）。《沒有醫院之後：最高齡城市快樂生活的祕密》（原作者：森田洋之）。臺北市：太雅。（原著出版年：2015）

陳湘婾（譯）（2018）。《葵照護Aoi Care：小規模多機能＋自立支援，讓人信賴的社區型新照護模式》（原作者：森田洋之、加藤忠相）。臺北市：太雅。（原著出版年：2016）

張凌虛（譯）（2009）。《對了，就來賣葉子！樹葉變事業！你不知道的「谷底成功術」！》（原作者：橫石知二）。臺北市：高寶國際。（原著出版年：2007）

陳炯霖（譯）（2012）。《素人之亂：日本抗議天王寫給22K崩世代的生存祕笈！》（原作者：松本哉）。臺北市：推守文化。（原著出版年：2008）

侯志仁（主編）（2022）。《野力再生：翻轉社區營造DNA》。臺北市：左岸文化。

梁鎧麟、詹弘廷（2021）。《地方創生下的老後生活：共生社區照顧模式的八大關鍵策略》。臺北市：五南。

曾旭正（2013）。《台灣的社區營造（新版）：新社會、新文化、新人》。臺北市：遠足文化。

吳書榆（譯）（2023）。《破框思維的技術》（原作者：S. Iyengar）。臺北市：天下雜誌。（原著出版年：2023）

陳筱宛（譯）（2023）。《橫向思考：打破慣性，化解日常問題的不凡工具》（原作者：P. Sloane）。臺北市：先覺。（原著出版年：2023）

李昂、劉克襄、林文義（2008）。《上好一村：18個充滿Sun與Hope的小鎮故事》。臺北市：天下雜誌。

天下雜誌人文出版部（2016）。《上好一村2：三十五個同村共好心故事》。臺北市：天下雜誌。

張佩瑩（譯）（2017）。《地方創生：小型城鎮、商店街、返鄉青年的創業10鐵則》（原作者：木下齊）。臺北市：不二家。（原著出版年：2015）

張佩瑩（譯）（2018）。《地方創生：觀光、特產、地方品牌的28則生存智慧》（原作者：木下齊）。臺北市：不二家。（原著出版年：2016）

林書嫻（譯）（2018）。《地方創生戰鬥論：地區營造從活動到事業，必備的思考、實踐、技巧！》（原作者：木下齊）。臺北市：行人。（原著出版年：2016）

林書嫻（譯）（2020）。《寫給凡夫俗子的地區再生入門：20年實證經驗，122個地方創生關鍵詞，擺脫寄生政府、再造故鄉價值的教戰法則》（原作者：木下齊）。臺北市：臉譜。（原著出版年：2018）

侯詠馨（譯）（2019）。《東川Style：北海道8000人小鎮的創生故事》（原作者：玉村雅敏/小島敏明）。臺北市：時報文化。（原著出版年：2016）

田中元子（2022）。《1階革命—— 私設公民館「喫茶ランドリー」とまちづくり》。東京都：晶文社。

竹本鉄雄（編著），雄谷良成（監修）（2018）。《ソーシャルイノベーション 社会福祉法人佛子園が「ごちゃまぜ」で挑む地方創生！》。東京都：ダイヤモンド社。

引用出處

前言

1. 何蕙君，〈從「社區照護」到「社區共生」：互助精神才是高齡社會解藥〉，獨立評論，2021-12-27。獲取於：https://opinion.cw.com.tw/blog/profile/530/article/11778
2. 詹弘廷，〈營造在地互助共生 掌握6大照顧內涵〉，創新照顧，2024-04-01。獲取於：https://www.ankecare.com/article/3053-2024-03-25-16-31-44

PART1 破框組織

1. 鄭夙芬・林雅琪・洪曉婷・葉雅玲・謝文中・鄭期緯，〈高雄市社區照顧關懷據點永續發展可能性之探討〉，社區發展季刊，126 期，頁254，2009-7。

案例2

1. 2. 彰化縣埔鹽鄉大有社區發展協會績優事蹟實錄，環境部第一屆國家環境教育獎社區組優等，2012。獲取於：https://eeis.moenv.gov.tw/eeaward/image/com-4.pdf
3. 楊寧茵，〈Case Study 01/日本上勝町：最好的照顧就是不用照顧！〉，《全球銀力時代》，野人出版社，2019。

PART2 破框做法

1. 文化部台灣社區通網站和文化部推動社區營造及村落文化補助作業要點・問答集。獲取於：https://file.moc.gov.tw/Download.ashx?u=LzAwMS9VcGxvYWQvNTAwL3JlbGZpbGUvMTE2MTcvMjExMTA2L2Q0MTUxNDg3LTEyZDMtNDYyNi1iODc1LWQyNWY0OGJiNmZhYS5wZGY%3D&n=44CQ5ZWP562U6ZuGMTE

xMDMyOeOAkS5wZGY%3D

案例4

1. 施聖文、陳東升*，〈「人文創新與社會實踐」計畫推動與協調簡介〉，人文與社會科學簡訊，15卷4期，頁17，2014-9。

   林博揚，〈成功大學「人文創新與社會實踐計畫」鏈結在地社區發展－以台南市中西區銀同社區為實踐場域〉，台灣老年學論壇，第44期，2019-11。獲取於：http://www.iog.ncku.edu.tw/p/404-1169-199824.php?Lang=zh-tw

2. 成大團隊，〈臺南城鄉社區發展與成大團隊社會實踐〉，人文與社會科學簡訊，16卷2期，頁29，2015-3。

3. 4. 黃一中，〈歷史區域社區生活環境營造之研究—以銀同駐地平台媒合在地參與為例〉，新作坊，v.18。獲取於：https://www.hisp.ntu.edu.tw/news/epapers/18/articles/84

   參考影片：盧紀邦，大愛人文講堂，〈青銀共創，一起好生活〉，2022-11-5。獲取於：https://www.youtube.com/watch?v=gnb6_95-pKU

   盧紀邦、鄭宇晴、林奕仁，〈「Oh Old! 柑な店」像是一家店〉，台灣老年學論壇，第55期，2022-8。

5. 圖片出處：黃一中，〈歷史區域社區生活環境營造之研究—以銀同駐地平台媒合在地參與為例〉，新作坊，v.18。

案例5

1. 左下角工作室的換工影片。獲取於：https://www.youtube.com/watch?v=bf_7o-CZUWY

案例6

1. 文字節錄自：張瀞文、顧瑜君，《五味屋的生活練習曲：用態度換夢想的二手商店》，親子天下，2018。
2. 文字節錄自：山下線網站「關於山下線」。獲取於：https://mountcounty.com/about/

案例7

1. 本段節錄整理自：陳錦煌，〈疫情警戒中尋找具有療效的社會處方〉，《新港文教基金會會刊》，第348期，2021-12。
2. 上述兩段文字出自以下海報：陳錦煌，以新港素園實踐「健康社區」為基礎的社會處方箋—初步經驗，台灣在宅醫療學會年會，2023-9。
3. 文字節錄自陳錦煌臉書貼文，2024-2-19。獲取於：https://www.facebook.com/chen520519/posts/pfbid0BqTQaUXRqEdQAR9z8aiGRFV8DciPyRa2VX43WEWaUhh5ynuK9MM6yf2zzq6aZ7S5l
4. 文字節錄自「新港文教基金會社會企業1/2自然農場」網頁。獲取於：https://www.hkfce.org.tw/tw/social-enterprise/12%E8%87%AA%E7%84%B6%E8%BE%B2%E5%A0%B4

PART3 破框人物

案例8

1. 引述社會創新平台網站上「社團法人台灣在宅醫療學會」的社會使命。獲取於: https://si.taiwan.gov.tw/Home/org?fid=320
2. 余尚儒，〈高齡社會的健康照護風險：發展在宅醫療與照護典範轉移的重要性〉，國立臺灣大學社會科學院風險社會與政策研究中心網站，2015-04-01。
3. 文字節錄自「【讀者投書】日本給台灣的啟示：透過在宅醫療，達成社區安寧」，作者余尚儒，獨立評論@天下。獲取自：https://opinion.cw.com.tw/blog/profile/52/article/1993
4. 文字節錄自余尚儒著作，《在宅醫療：從Cure到Care：偏鄉醫師余尚儒的翻轉病房提案》（天下文化，2017）〈第二章 什麼是在宅醫療？〉P.49。
5. 文字節錄自「都蘭診所陪你回家協會」網站。獲取於：https://www.clinicdulan.com/association
6. 余尚儒，《在宅醫療：從Cure到Care：偏鄉醫師余尚儒的翻轉病房提案》（天下

文化，2017)〈第二章什麼是在宅醫療？〉P.118。
7. 台灣安寧照顧基金會網頁：【封面故事】楊志良 提倡安寧療護 取代無效醫療。獲取於：https://www.hospice.org.tw/content/1238
8. 張嘉芳，〈台灣1年丟棄藥品 相當於5棟101〉，聯合報，聯合新聞網，2014-9-23。獲取於：https://health.udn.com/health/story/6012/362866

案例9

1. 參考影片：原民電視台【原觀點部落進行式】完整節目，第213集，點燃部落長照新路，2023-2-2首播。獲取於：https://www.youtube.com/watch?v=8cVBnyxWqNs
2. 伯拉罕共生基地官網AIO金照顧介紹。獲取於：https://plahan.com.tw/aio/

案例10

1. 參考影片：紀金山｜新社會實踐：跨齡共居、智慧照護｜part1_高齡社會的跨世代創新｜【未來職場神隊友】線上論壇，揚生慈善基金會。獲取於：https://www.youtube.com/watch?v=iljPQT2OwgI
2. 參考影片：紀鈞惟｜新社會實踐：跨齡共居、智慧照護｜part2_高齡化社會的照顧黑洞，看不見卻最沈重的負荷｜【未來職場神隊友】線上論壇，揚生慈善基金會。獲取於：https://www.youtube.com/watch?v=Q504pTqhoq8

案例11

1. 文字節錄自：高耀威，〈【獨立書店】台東「書粥」高耀威從正興街到長濱：鍋裡熬得不是粥，是跟自己的和解〉，聯合報500輯，2020-8-26。獲取於：https://500times.udn.com/wtimes/story/12672/4811213
2. 文字節錄自：楊子頡，〈東京素人 作亂有理！— 貧窮青年的奇幻旅程〉，人籟論辨月刊，第 2013-03 期，2013-10-9。獲取於：http://dgnet.com.tw/articleview.php?article_id=19403&issue_id=3825

PART4弘道老人福利基金會的社區共生之旅

1. 內容來自行政院《高齡社會白皮書》二〇二一年修正核定版。
2. 內容來自內政部戶政司全球資訊網。獲取於：https://www.ris.gov.tw/app/portal/346
3. 巫瑩慧，【巫瑩慧專欄】日本觀察－共生社區和社區設計的核心精神，ĀnkĕCare 創新照顧，2023-6-14。獲取於：https://www.ankecare.com/article/2562-2023-06-06-17-04-07

附錄

1. 本段文字整理引用自弘道官網。獲取於：https://www.hondao.org.tw/news2/3/71
2. 本段文字整理自公職考試試題解答。獲取於：https://www.public.com.tw/TestFileManage/12448/anspdf/109%E9%AB%98%E8%80%83%E4%B8%89%E7%B4%9A-%E6%96%87%E5%8C%96%E8%A1%8C%E6%94%BF%E8%88%87%E6%94%BF%E7%AD%96%E5%88%86%E6%9E%90.pdf
3. 本段文字整理自文化部台灣社區通。獲取於：https://communitytaiwan.moc.gov.tw/Item/Detail/%E3%80%8C%E7%87%9F%E9%80%A0%E3%80%8D%E8%88%87%E3%80%8C%E7%A4%BE%E5%8D%80%E7%B8%BD%E9%AB%94%E7%87%9F%E9%80%A0%E3%80%8D%E7%9A%84%E5%AE%9A%E7%BE%A9
4. 本段文字整理自微笑台灣地方創生懶人包。獲取於：https://smiletaiwan.cw.com.tw/article/5145
5. 本段文字整理自行政院政策網站，〈「設計翻轉 地方創生」計畫—振興地方產業發展，促進鄉村人口回流〉，107-11-16。獲取於：https://www.ey.gov.tw/Page/5A8A0CB5B41DA11E/9f7f9ad7-17e4-482a-9956-a1534d8a4ad1